教科書に載せたい日本史、載らない日本史

～新たな通説、知られざる偉人、不都合な歴史～

河合 敦
Atsushi Kawai

はじめに

「みなさんが学校で学んだ歴史は大きく変わっている」ということを、日本で初めてテレビのバラエティー番組で話したのは、この私だと思っている。いまから十六年前、平成二十七年（二〇〇五）に『世界一受けたい授業』（日本テレビ系列）に出演したときのことだ。意外にも、これが大反響となった。

当時の私は高校の教員をしていたので、教科書が四年ごとに改訂され、その内容が変化するのは常識だと思っていたが、世間では、歴史は変わらないというイメージが定着していた。

確かに考えてみれば、よほどの歴史好きでないかぎり、わざわざ歴史の本を読んだり、歴史番組を観たりはしないはず。だから自分が学校で習ったときのまま、歴史知識は停止しているわけだ。そんなところに、聖徳《しょうとく》太子の名が厩戸《うまやど》王に変わったとか、源頼朝《みなもとのよりとも》や足利《あしかが》尊氏《たかうじ》の肖像が消えたとか、イイクニつくろうで覚えた鎌倉幕府の成立年が変化していると聞けば、驚いて当然だろう。

ともあれそれ以来、私は、歴史が変わったという内容でテレビや講演会に引っ張りだこになり、それに関する本を何冊も出版してきた。平成三十年に扶桑社から刊行した『逆転した日本史』もおかげさまで好評を博した。

この売れ筋を放っておく手はなく、多くの歴史学者や歴史作家もこの分野に参入し、私の類書は歴史コーナーの一角を占めるまでに成長している。

だからもう手を引こうかと考えていたところ、今年（令和三年）、中学校の学習指導要領が十年ぶりに改訂され、それに沿って教科書が新しくなったのだ。しかも、中学校の新教科書は、かなり大きく変化しているではないか。さらに来年、高校では歴史総合と日本史探究という新しい新科目が誕生する。これに触発されて執筆意欲が高まり、日本史教科書の変化をテーマとした本書を刊行させていただくことになったのである。

ただ本書は、「大化《たいか》の改新は六四五年ではない。天皇の古墳は八角墳《はっかくふん》。遣唐使《けんとうし》は廃止されたわけではなかった」といった近年の教科書変化だけを取り上げたわけではない。これから教科書に載るであろう、最新の研究成果に多くページを割いている。たとえば、「仁徳《にんとく》天皇陵には複数の埋葬者《まいそう》がいた。大化の改新の主役は孝徳《こうとく》天皇。織田信長《おだのぶなが》は天下統一を目指していなかった。坂本龍馬《さかもとりょうま》は薩長《さっちょう》同盟に関与しておらず、船中八策《せんちゅうはっさく》はフィクションだった」

こんな話、あなたは信じられるだろうか。でも、いずれも有力な説であり、今後、教科書に登場してくる可能性が高いのだ。

加えて今回は、ぜひとも教科書に載せたい歴史を数多く紹介している。

近年、発見された高輪築堤《たかなわちくてい》、マスコミで話題になっているので、ご存じのかたも多いだろう。ただ、その価値についてはは意外に知られていない。じつはこれ、日本と西洋の技術を融合させた極めて貴重な近代遺産なのだ。はっきり言って世界遺産級なのである。また、コロナ禍《か》で苦しむ日本だが、幕末、天然痘《てんねんとう》のワクチンを普及させ、多くの命を救った殿様たちがいる。そんな誇らしい話も本書には掲載した。

一方で、教科書に載る歴史人物のなかには、人に知られたくない不都合な真実もある。そんな教科書に載せられない歴史も楽しみながら読んでいただきたいと思っている。

まだまだ終息しないコロナ禍だが、本書を開いて、教科書が変化する面白さと、新説の驚きを堪能《たんのう》し、楽しい一時を過ごしていただければ幸いである。

令和三年八月

河合　敦

もくじ

2章　教科書で習ったと思い込んでいる日本史

3章　ぜひとも教科書に載せたい新歴史

4章 教科書に載らない意外で驚きの日本史

5章　教科書に載せられない不都合な日本史

1章　こんなに変わった日本史の教科書

1　縄文時代の土偶は、いったい何のためにつくられたのか？

縄文時代は、まだ文字が使用されていないから、不思議なモノが出土しても、いったいそれが何のために用いられたのかは想像するほかない。とくに長年の間、論争になっているのが土偶《どぐう》である。現在、約二万点ほどが全国で発掘されているというが、とにかく非常にユニークで変わった姿をしているものが多い。

調べてみたところ、土偶は高校日本史B（通史編）の教科書ほとんどすべてに、写真入りで紹介されている。

実教出版の『日本史B　新訂版』（二〇一八年）には「女性の特徴を示す土偶や男性を表現した石棒《せきぼう》などは、きびしい自然とたたかうなかで、収穫のゆたかさや集団の繁栄を祈願する呪術的な儀礼が発達したことを示している」と記されている。そして、長野県茅野《ちの》市の棚畑《たなはた》遺跡出土の土偶（俗に縄文のビーナスと呼ばれている）の写真が載っているが、そのキャプション（説明文）には「女性の身体的特徴が強調され、張り出した腹部は妊娠をあらわしている可能性が高い」と書かれている。

ほかの教科書を見ても、同じように、妊娠した女性をかたどった土偶は、繁殖や自然の恵みを祈ってつくられたと記されている。ちなみに、これを地母神《ちぼしん》説と呼ぶ。地母神とは、豊穣や多産を人々にもたらす母なる神のこと。土偶は、そんな地母神の姿をかたどったというわけだ。

では、昔の教科書では土偶について、どのような説明がなされていたのであろうか。今から約二十年前（二〇〇三年）の同じ実教出版の教科書を見てみよう。

「女性の特徴を示す土偶や男性を表現した石棒などの器物は、きびしい自然とたたかうなかで、収穫のゆたかさや集団の繁栄を祈願する呪術的な儀礼が発達したことを示している」

この文章を読んでみて、きっと驚いたと思う。もし驚かなかった方は、数行前に書かれている二〇一八年の教科書の文章をもう一度読んでみてほしい。

そうなのだ。なんと、「の器物」という三文字以外は、一言一句同じなのである。つまり、二十年間、まったく土偶に対する解釈が変わっていないことがわかるだろう。

となると、「土偶は、妊娠した女性をかたどったもので、繁殖や自然の恵みを祈るためにつくられた。それが定説で、異論の入る余地はないのだ」そう思うに違いない。

ところが、である。じつは、考古学界においては、縄文人がなぜ土偶をつくったかということに関して、数え切れないほど多くの説があるのだ。別の言い方をすれば、教科書に書いてある説は有力ではあるものの、定説ではないのである。

日本史の教科書というのは、日本人に教えるべき重要な歴史をセレクトしたもの。土偶は、すべての日本史教科書に載る最重要語句である。というのは、極めて多くの数が発掘され、縄文人の死生観、精神世界を表すものと考えられているからだ。なのに、いまだに定説がなく、とりあえず、最も有力な説を紹介しているのである。

同じようなものとしては「武士」がある。周知のように、武士は七百年間にわたって日本の支配者として君臨してきた。だが、武士という階級がどのように発生したのかは、じつはよくわかっていないのだ。そこで教科書では、最も有力な説が紹介されているのである。

では、せっかくなので、土偶に関する諸説のうち、有力なものをいくつか紹介していこう。

まずは「身代わり破壊説」である。土中から発掘された土偶の大半は、手足や胴などが壊されていたり、もともとつくられていない。このため、自分の身代わりとして、土偶を壊したり、欠いたりして、体の悪いところを治そうとしたのだという説である。

ちなみに破壊説に関しては、異なる解釈が存在する。土偶を壊すことによって豊かな実りや獲物の捕獲を祈ったという説である。おそらく読者諸氏は、私が言わんとしていることをよく理解できないと思う。少し丁寧に説明しよう。この説は、日本神話に由来する。

『日本書紀《にほんしょき》』（和銅《わどう》三年・七二〇成立）に次のような話がある。

天照大神《あまてらすおおみかみ》は弟の月夜見尊《つくよみのみこと》に、「葦原中国《あしはらのなかつくに》に保食神《うけもちのかみ》という女神がいるそうだから、行って見てこい」と命じた。そこで月夜見尊が彼女のもとを訪れると、陸のほうを向いて口から飯を吐き出し、海を見て大小の魚を吐き出し、山を見て獣を口から出した。そしてそれらを食卓に並べてもてなそうとしたのだ。これを見た月夜見尊は、「口から吐き出したものを私に喰わせようとは、なんと穢《けが》らわしいことをするのだ」と剣を抜いてその場で保食神を斬り殺したのである。

この事実を知った天照大神は、天熊人命《あまのくまひとのみこと》を殺害現場へ向かわせた。すると確かに保食神は息絶えてしまっていた。しかも驚いたことに、遺体の頭からは牛や馬が生まれ、額には粟《あわ》が生え、眉《まゆ》には蚕《かいこ》が、目のなかには稗《ひえ》が、腹には稲が生え、さらに陰部には麦や豆が実っていたのである。

じつは『古事記《こじき》』（養老《ようろう》四年・七一二成立）にも、怒った素戔嗚尊《すさのおのみこと》に殺された大宜都比売《おおげつひめ》の体から稲や麦などの穀物、蚕が出てきたという逸話が採録されている。

このように日本の神話のなかに、女性を殺すと、その遺体から食物が生じるという奇妙な伝説があるのだ。つまり、縄文時代にすでにそうした話が成立していれば、豊かな実りを祈って、縄文人たちがつくった土偶を壊したとて不思議はないだろう。

さらに破壊説について、話を続ける。これは少数説だが、いまの私たちでも理解できる。それは、「呪いの人形説」である。土偶を壊すためにつくったという理解は同じだが、解釈はまったく正反対だ。憎い相手を土偶に見立てて壊し、人を呪って不幸を願うのである。決して無理な説ではない。なぜなら奈良時代の平城京などからは、心臓や目に針を執拗《しつよう》に刺した人型が多く出土しているからだ。これは明らかに呪いの人形だが、縄文人だって呪術を使って人を呪っても不思議はない。つまり、土偶が呪術道具というわけだ。

続いて、土偶崇拝《すうはい》説だ。じつは座って合掌《がっしょう》している姿の土偶がある。国宝に指定された風張《かざはり》1遺跡（青森県八戸市）の土偶だ。竪《たて》穴住居跡の壁に安置されるようなかたちで見つかった。しかも赤い塗料が塗られ、割れた部分も天然のアスファルトを用いて修復されていた。

これだと土偶破壊説は当てはまらない。合掌する姿や大切にされていた形跡から、おそらくこの土偶は信仰の対象として扱われていたと推測できる。そうなると、土偶の用途は複数あることになる。ちなみに、土偶は子供が喜ぶぬいぐるみのような愛玩《あいがん》対象・おもちゃ説、妊娠しているので安産お守り説などもある。

このように二十年近くも教科書の記述内容が変化しない土偶だが、じつはまだ定説がなく、諸説紛《ふん》々《ぷん》状態なのである。


さて、話はこれで終わったわけではない。

じつは、令和三年（二〇二一）、とんでもない学説が発表された。しかも発表したのは、考古学者や縄文時代の研究者ではなく、専門外の人類学者。なおかつ、この人がとなえる説は、これまでの説を根底からくつがえすものなのだ。

なんと、土偶は妊娠した女性をかたどったものではないというのだ。それどころか、そもそも人間ですらないと主張する。では、宇宙人か？　もちろん違う。

「土偶は縄文人の姿をかたどっているのでも、妊娠女性でも地母神でもない。〈植物〉の姿をかたどっているのである。それもただの植物ではない。縄文人の生命を育んでいた主要な食用植物たちが土偶のモチーフに選ばれている」「土偶の造形はデフォルメでも抽象的なものでもなく、きわめて具体的かつ写実性に富むものだったのである」「土偶は当時の縄文人が食べていた植物をかたどったフィギュアである」（『土偶を読む――130年間解かれなかった縄文神話の謎』晶文社）

いかがであろうか。土偶は植物をかたどったものであると断言しているのだ。

この説をとなえたのは、竹倉史人氏である。

先にあげた竹倉氏の著書によると、彼がパソコンで遮光器《しゃこうき》土偶を眺めていたとき、不意に脳裏にある根菜類のイメージが浮かび、それが土偶の手足と重なるような気がして、ふと、この遮光器土偶は根菜類（里芋など）をかたどっているのではないかとひらめいたそうだ。

さらに竹倉氏は、十九世紀末にイギリスの人類学者・ジェームズ・フレイザーが著した『金枝篇《きんしへん》』に「「植物霊」という観念」が「世界中の地域に広汎《こうはん》にみられること」「とりわけ植物と人類のあいだには時代や地域を超えた普遍的な呪術的関係がみられること」をあげ、にもかかわらず、縄文時代には「動物霊の送りの儀礼」はあったのに「植物霊を祭祀《さいし》した痕跡《こんせき》が発見されていない」と述べる。そのうえで、「縄文遺跡からはすでに大量の植物霊祭祀の痕跡が発見されており、それは土偶に他ならない」と断言する。

そして、この説にもとづき、代表的な九タイプの土偶を丁寧に論証していった。

たとえば、このハート形土偶。これについて竹倉氏は、オニグルミの実をモチーフにしたものだと述べる。実際、実を二つに割ると、切り口はまさにハート形土偶の顔そのものである。しかも、縄文時代にハート形土偶が分布する阿武隈《あぶくま》山地と会津《あいづ》盆地は、まさしくオニグルミの生育分布と重なるのである。かなり説得力のある論といえよう。

　ちなみに土偶のなかには、貝をかたどったものもあるという。

群馬県東吾妻町郷原から出土したハート型土偶。国指定重要文化財（個人蔵／東京国立博物館保管）

いずれにしても、竹倉説は諸説を根本的にくつがえすものだが、説得力がある。なのに同書によれば、専門外ということもあって、学界では相手にしてもらえなかったそうだ。ただ、「日本には旧石器時代は存在しない」というのが戦前の学者たちの共通理解だった。そんな常識をくつがえしたのは、考古学好きの素人の青年・相沢忠洋《ただひろ》であった。

近年は、どの分野でも専門家を重んじる傾向が強く、「芸能人は政治的な発言をひかえろ」など、馬鹿なことを言う輩《やから》も多い。歴史分野でもそれは同様だ。中世史の分野について、近世史の学者がテレビなどで発言すると、SNS上でそれを非難するような歴史好きが増殖し始めている。かつては司馬遼太郎氏のように、作家の観点から歴史を話すことは称賛されこそすれ、非難されることはなかった。が、いまは歴史作家が歴史を語ろうものなら、SNS上で罵声《ばせい》が飛ぶ。

では、中世史の学者が中世のすべてを解説できるのか。とんでもない。じつは専門分野が細かくなりすぎ、大局的に中世全体を語ることができる研究者はほとんどいないのが現状なのだ。そういった意味では、日本史全体を大局的に語ることができる歴史作家や、専門外から歴史の新説をとなえられる人材こそ、いまの時代に求められているのである。

なお、竹倉氏の『土偶を読む―130年間解かれなかった縄文神話の謎』は、専門家が書く難解な論文とは異なり、楽しく読めるのでオススメである。

ともあれ、土偶植物霊説が登場したことで、この分野の研究は活気づくことだろう。

2　世界遺産となった仁徳天皇陵は、教科書では「大仙古墳」で被葬者は複数？

令和元年（二〇一九）に「百舌鳥《もず》・古市《ふるいち》古墳群—古代日本の墳墓群」（大阪府）がユネスコの世界遺産に登録された。日本としては二十三件目の世界遺産である。大きな丘を持つ有力者の墓を古墳と呼び、それが存在した時期を歴史学では古墳時代と定義している。

昔の教科書では、「古墳の造営がさかんに行われた4世紀から6世紀ころまでの間を古墳時代とよんでいる」（『日本史』三省堂　一九七八年　改訂版）と書かれていたが、いまの教科書では「三世紀半ばから七世紀まで」を古墳時代と教えている。

この三十年間で始期が四世紀から三世紀半ばへ、終期が六世紀から七世紀へと変わり、全体として古墳時代の期間が百五十年も長くなったのだ。その理由は単純明快。年代の古い古墳と新しい古墳が、各地で次々に発見されるようになったためだ。

近年では、三世紀前半と推定される古墳も登場している。ちょうど邪馬台国《やまたいこく》の時代（弥生時代）にあたる。しかも、その古墳の一つが、卑弥呼《ひみこ》の墓とされる奈良県桜井市の箸墓《はしはか》古墳なのである。そうなると、卑弥呼は弥生時代ではなく、古墳時代の女王となり、歴史の常識が大きく変わってしまう。

今回の世界遺産には、百舌鳥古墳群（大阪府堺市）が二十三基、古市古墳群（大阪府羽《は》曳野《びきの》市・藤井寺市）が二十六基、合わせて四十九基が登録されたが、そのほとんどは四世紀後半から五世紀後半にかけてつくられたものである。大きさはまちまちで、最少は二〇メートル程度だが、最大の仁徳《にんとく》天皇陵《りょう》は墳丘《ふんきゅう》が約四八六メートル、全長は八四〇メートルにもなる。高さは最大で三五・八メートル、体積は一四〇万平方メートル。もともと平地だった土地に土を盛り上げ、周囲にいくつも濠《ほり》をうがってつくったと考えられている。当時としては大変な労力が必要だったはずだ。

建設会社の大林組プロジェクトチームの試算（『季刊大林 No.20』）によれば、一日最大二千人が作業したと想定して、古代の工法だと十五年八か月を要すると推計されている。驚くべき年月の長さであるうえ、延人数約六百八十万人が駆り出されたと考えられ、総工費はなんと七百九十六億円（一九八五年当時）にのぼったとされる。

当時、難波《なにわ》（現在の大阪府の一部）を拠点とした大和政権の権力の強大さがわかるとともに、仁徳天皇陵が大阪湾からよく眺望できることから、港から船でやってくる外国人や地方豪族に権威を誇示《こじ》する目的があったものと推察できる。

被葬者はその名のとおり、第十六代仁徳天皇だと治定《じじょう》（認定）されているが、事実かどうかわからない。そもそも仁徳天皇の生歿年すらはっきりしていないからだ。『古事記《こじき》』（七一二成立）は八十三歳で亡くなったとするが、さすがに『日本書紀《にほんしょき》』（七二〇成立）の百十歳歿説は信じがたい。研究者の間でも考え方はまちまちだが、おおよそ四世紀末に歿したという見解が多い。

いずれにせよ、仁徳天皇陵が本当に本人を葬ったものかどうかも怪しいので、近年の日本史教科書では、「大仙陵《だいせんりょう》古墳（伝《でん》仁徳陵）」と記すのが一般的になっている。

大仙とは、仁徳天皇陵が位置する一帯の地名である。また、そのあとにカッコ書きで「伝仁徳陵」と記してあるが、「伝」の文字は「仁徳天皇の古墳だと伝えられている」という意味。本人かどうか、怪しいということを匂わせているわけだ。また、仁徳天皇陵に次ぐ規模を持つ応神《おうじん》天皇陵（四二五メートル）も「誉田御廟山《こんだごびょうやま》古墳（伝応神陵）」と明記されるようになった。

現在、「陵墓《りょうぼ》」（天皇や皇后など皇族の埋葬墓）とされている古墳の大半は、江戸時代から明治時代に被葬者が確定されたもの。仁徳天皇陵も、元禄《げんろく》時代に朝廷によって公式に認定された。さらに江戸後期に尊王（天皇を敬う）思想が高まると、本居宣長《もとおりのりなが》や蒲生君平《がもうくんぺい》などの学者たちが、地元の伝承や史料を調べたり、実地踏査をおこなったりして、天皇や皇后の墳墓を特定していった。そうした幕末から明治初期にかけての成果を、そのまま戦前の宮内省《くない》が受け入れて「陵墓」と治定したのが、現在の宮内庁に踏襲されているのである。

現在、天皇や皇后らを葬った「陵」と認定されているものが全国には百八十八基。それ以外の皇族を葬った「墓」は五百五十五基ある。トンチで有名な小坊主「一休《いっきゅう》さん」（一休宗純《そうじゅん》）の酬恩庵《しゅうおんあん》（京田辺市）にある墓所も陵墓と認定され、宮内庁が管理している。一休が後小松《ごこまつ》天皇のご落胤《らくいん》だと考えられているからである。一休の墓所入口には、立派な菊紋の扉があり、案内版には「後小松天皇皇子　宗純王」と記されている。

いずれにせよ、陵墓に認定されている古墳は、真偽に疑問符がつくものが少なくない。このため政府（宮内庁）も昭和十年代から三十年代にかけて、陵墓の見直しに着手する姿勢を見せたが、いつのまにかその気運は立ち消えとなってしまった。しかも宮内庁は、これまで研究者の陵墓内への立ち入り調査を一切許してこなかった。その理由は、陵墓は単なる文化財ではなく、いまでも皇室の祭祀《さいし》が継続しておこなわれており、「御霊《みたま》の安寧《あんねい》と静謐《せいひつ》を守る」必要があるからだとする。理解できないことはないが、これにより陵墓の研究はあまり進展してこなかったのである。

だから民間の研究者たちは、古代史解明のため、陵墓の公開や学術調査の許可を宮内庁に要求し続けてきた。その結果、ようやく十数年前から宮内庁は、限定的ながら自治体や研究者の立ち入り調査を認め始めた。

平成十九年（二〇〇七）には明治天皇陵（京都市）と神功《じんぐう》皇后陵（奈良市）の調査が認められている。とはいえ、石室《せきしつ》（遺体を安置する部屋）内部の調査は認められず、研究者の立ち入りは古墳の一段目の平らな部分だけとされた。ただ、宮内庁は、今後も申請があれば審査のうえ、調査を受け入れると述べており、実際、その後もいくつかの古墳の調査を認めている。そうした流れのなか、平成三十年（二〇一八）十月、驚くようなプレス発表があった。

仁徳天皇陵（大仙陵古墳）の発掘調査を宮内庁が大阪府堺市との共同プロジェクトで実

施するというのだ。自治体とはいえ、宮内庁が外部機関を受け入れて仁徳天皇陵の調査をおこなうのは初めてのこと。古墳の保護を目的とした基礎調査がその名目だが、あの有名な仁徳天皇陵ということで、古代史ファンは色めき立った。

発掘の報告書は、令和二年（二〇二〇）三月に提出された。発掘されたのは、濠と濠の間にある堤《つつみ》の平坦部分で、幅二メートル×長さ三〇メートルの区域を三か所設定して試掘調査がおこなわれた。その結果、堤の表面には一〇センチ程度の石が敷き詰められていた。傾斜部ではなく、堤の平坦部に石を敷き詰めるのは非常に珍しい構造だという。さらに直径三五センチの円筒埴輪《えんとうはにわ》がずらっと並んでいることが判明したのである。

埴輪とは古墳から出土する素焼きの土製品のこと。大きく分けて円筒埴輪と形象《けいしょう》埴輪がある。円筒埴輪は、その名のとおり円形の筒。大きさはまちまちだが、一メートルを超えるものもあり、古墳の周りにズラッと並んでいる。古墳の範囲（墓域）を示すために用いたと考えられる。

一方、形象埴輪は人物や動物、家や船、武器などをかたどったもの。古墳時代の人々の生活の様子がよくわかる。列をなしていることが多いが、これは被葬者の葬列を表しているという説が有力である。

これまで仁徳天皇陵は、五世紀の前半から半ばに築造されたと考えられていた。だが直接、発掘調査をしたわけではなく、周辺から採集された埴輪や土器の形状から得た推論に過ぎなかった。一方、アメリカのボストン美術館には、仁徳陵出土とされる銅鏡《どうきょう》や環頭大刀《かんとうのたち》など五点が収蔵されている。いずれも六世紀のものと判明している。ただ、出どころに疑問点があった。ゆえにこのたびの共同調査は、古墳の年代が確定できるという期待が大きかった。

今回の発掘で出土した埴輪は、やはり五世紀前半から半ばの特徴を備えており、ボストン美術館の遺物は、仁徳陵のものではなかったことがはっきりした。ただ、仁徳天皇の崩御《ほうぎょ》は四世紀末と考える学者が多いから、そうなると仁徳陵の築造年代と数十年のズレが生まれ、別人が葬られている可能性が少し高くなったともいえる。

ちなみに令和二年十月、宮内庁がふたたび堺市に協力を呼びかけ、仁徳天皇陵の再発掘を検討しているという嬉しいニュースが発表された。再発掘では前回の堤の調査範囲を広げ、石敷きの状況や埴輪の列を確認する予定だそうだ。その成果に期待したい。

さて、ここで一つ、みなさんが驚くであろう話をしよう。実は、仁徳天皇陵には少なくても二人の人物が葬られているのである。

きっと、何を言っているのかわからないという方が多いと思う。

じつは古記録によって、仁徳天皇陵の前方部と後円部に、それぞれ石室があることがわかっているのだ。石室というのは、遺体を安置する空間（部屋）だと考えていい。

つまり、二人の人物がこの古墳には埋葬されているわけだ。明治五年（一八七二）には、前方部の石室から石棺（棺《ひつぎ》）が見つかり、そのなかに兜《かぶと》や鎧《よろい》、刀やガラス器などが入っていることが確認されている。すぐに埋め戻されたが、そのときのスケッチが残っていて、甲冑《かっちゅう》は銅づくりで金メッキが施されていたことがわかる。

じつは前方後円墳《ぜんぽうこうえんふん》には、複数の人物が埋葬されているケースが少なくない。おそらく仁徳天皇陵の二人の被葬者は親族（兄弟の可能性大）だと思われる。なお、仁徳天皇陵には三人が埋葬されていると主張する学者もいる。

さらにいえば、仁徳天皇陵には少なくても十基以上の陪塚《ばいちょう》が存在する。陪塚というのは、大きな古墳の周りにある小さな古墳のこと。明らかに大古墳に付属するよう配置されており、形状は方墳《ほうふん》や円墳《えんぷん》が多い。これらは、死後も主人に仕えるために殉死《じゅんし》した家臣や近親者だと考えられてきた。ただ、最近の発掘調査では、石室から遺体が見つからず、特定の副葬品だけしか出てこないケースもあり、大古墳の被葬者の副葬品を分納するために築造した陪塚があることもわかってきている。

いま述べたように、遺体を埋葬する石づくりの部屋（施設）を石室というが、その形態は時代とともに竪《たて》穴式石室から横穴式石室へと変化する。

竪穴式石室は、掘った穴の周りに石を組んで部屋をつくり、上から石棺をなかに安置したあと、天井にも石を組んで土をかぶせる形式である。一方、横穴式石室は入口からトンネル（通路）を通って奥に石室をつくる形式。入口は大きな石でふさいでおくが、それをどけて新たな棺を石室に運ぶことができる（追葬）。かたや竪穴式石室だと追葬は不可能だ。つまり、石室の変化から古墳が個人墓から追葬が可能な家族墓へと移り変わっていくことがわかる。

いずれにせよ、仁徳天皇陵は、本当に仁徳天皇を埋葬したか怪しいうえ、たとえ本人を葬っていたとしても、どちらの石室に仁徳が眠っているかはわからないというわけだ。

3　消えた騎馬民族征服説と新たに登場した八角墳

歴史学界では、常に新しい説が生み出される。論文や研究発表で公《おおやけ》にされた新説は、ほかの研究者たちによって検証される。批判を受けて否定されるものもあれば、高い評価を受ける場合もある。多くの研究者が賛同する説は、やがて定説となり、非常に重要な内容であれば、日本史教科書に掲載されるのである。

一方で、定説が有力でなくなってくれば、当然、教科書から消えていく。

その代表が騎馬民族征服王朝説《きばみんぞくせいふくおうちょうせつ》だろう。

この説をとなえたのは、東京大学の江上波夫教授である。戦後すぐに江上氏は、古墳時代の前期と中期以後との間に、大きな文化的な断絶があると主張、「これは我が国に北方アジアの騎馬民族が襲来し、征服王朝を樹立したからだ」と断じたのである。

その論拠として江上氏は、記紀《きき》（古事記《こじき》・日本書紀《にほんしょき》）にある神話、当時の東アジアの動き、そして古墳の変化をあげた。

古墳に関していえば、四世紀後半から石室が竪《たて》穴式から中国大陸に多い横穴式に変化したこと。副葬品が銅鏡《どうきょう》や玉《ぎょく》、銅剣など司祭者色が強いものから、武具や馬具など武人的なものに変わったことをあげ、大陸の騎馬民族が新たな支配者になった論拠とした。

この説には批判的な学者も少なくなかったが、批判されると江上氏は修正を繰り返し、騎馬民族征服王朝説を主張し続けた。なお、この説は衝撃的な内容だったこともあり、当時のマスコミにも大きく取り上げられた。

このため昭和五十八年（一九八三）の山川出版社『詳説日本史（再訂版）』にも「古墳時代の前期と中期以後とのあいだに断層を認め、中期古墳のもつ軍事的性格を、北方騎馬民族による征服の結果によると考える説もある」と記されるようになった。

同じく平成元年（一九八九）の東京書籍『新訂日本史』にも「中期古墳から朝鮮伝来の馬具や武具が大量に出土することなどから、北方騎馬民族が朝鮮半島をへて日本列島に侵入し、支配者となったと推定する説もある」と明記されている。

このように、多くの教科書が江上氏の北方騎馬民族征服説を載せるようになったのである。だが、昭和六十年代から佐原真氏などをはじめ、多くの学者たちが古墳時代中期における変化は斬新的なものであり、とても断絶とは言いがたいと主張するようになり、現在の学界では、騎馬民族征服王朝説はほぼ否定されている。

そうした動きが反映されたのだろう、二十年前には日本史教科書十一種類中六冊に江上氏の説を掲載していたが、平成三十年（二〇一八）は八種中わずか一冊に激減している。おそらく近いうちに騎馬民族征服王朝説は、教科書から消えていくことだろう。

こうして消えていく説もあれば、新たに登場してきた説もある。

それが八角墳《はっかくふん》である。その名のとおり、八角形の古墳のことであるが、この形の古墳は、古墳時代終末期に登場する。

えっ、古墳時代って、「前期、中期、後期の三区分ではないの？」そう疑問に思った方も多いだろう。

確かに十数年前までは、「終末期」なんて言葉はなかった。ところが平成三十年版の山川出版社『詳説日本史B』には、「古墳の終末」という小見出しが載り、六世紀末から七世紀初めにヤマト政権による強い規制のために前方後円墳《ぜんぽうこうえんふん》がつくられなくなったこと、その後も百年近くは古墳の造営が続いたことを語り、「この時期を古墳時代終末期、この時期の古墳を終末期古墳と呼んでいる」と解説しているのだ。大枠では古墳時代後期に含まれるが、後期の後半百年間を「古墳時代終末期」と呼ぶというのである。

ただ、終末期には前方後円墳は禁じられているわけだから、「かつて前方後円墳を造営していた首長層は大型の方墳《ほうふん》や円墳《えんぷん》を営むようになる」。要は、鍵《かぎ》穴型から四角や円形の古墳に変わったのである。

そしていよいよ例の八角墳が登場する。『詳説日本史B』の記述を紹介しよう。

「7世紀中頃になると、近畿の大王《おおきみ》の墓が八角墳になった。これはそれまで、規模は大きいが各地の首長層と同じ前方後円墳を営んでいた大王が、大王にのみ固有の八角墳を営んで、一般の豪族層を超越した存在であることを墳墓のうえでも示そうとしたものであろう」

そう、つまり八角墳は、大王＝天皇の古墳なのである。

では、なぜ天皇（大王）の墓は、三角形や五角形ではなく八角形なのか。

研究者の森下章司氏によれば、「八方はあらゆる方向を示し、世界の広がりを示すものである。古い中国の文献には、「八方」「八紘《はっこう》」という世界の広がりを表現する言葉も登場する」「『万葉集《まんようしゅう》』では「大王」の枕詞《まくらことば》として「八隅知之《やすみしし》」を用いており、国土の支配を示す表現とされる」（『古墳の古代史―東アジアのなかの日本』ちくま新書）からではないかと推測している。

ちなみに、八角墳に葬られた天皇だが、舒明《じょめい》天皇が最初で、以下、斉明《さいめい》（皇極《こうぎょく》）、天智《てんじ》、天武《てんむ》、持統《じとう》、文武《もんむ》の合わせて六人が確実視されている。なお、皇極天皇の次に皇位についた孝徳《こうとく》天皇陵《りょう》だが、その陵だけ山田上ノ山《やまだうえやま》古墳（奈良県太子町）という三〇メートルほどの円墳なのである。

ただ、古墳の治定《じじょう》に誤りがある可能性もある。というのは、天武・持統陵も間違っていたからである。持統天皇は死後、夫の天武天皇の陵墓《りょうぼ》に合葬されたが、二人の陵墓はかつて現在とは別の古墳だといわれていたのだ。ところが明治時代になって、野口王墓《のぐちおうのはか》こそが、天武・持統陵だと判明する。

というのは、鎌倉時代に野口王墓が盗掘されたさい、その現場を詳しく記した記録（『阿不幾乃山陵記《あおきのさんりょうき》』）が明治時代になって高山寺《こうさんじ》で発見され、それによって、野口王墓が明らかに天武・持統の墓だとわかったからだ。このため宮内省は、野口王墓を正式な天武・持統陵と治定し直したのである。

この『阿不幾乃山陵記』によれば、野口王墓は八角形であり、内部は外陣と内陣に分かれ、朱塗りの木製の棺《ひつぎ》が安置されていたとある。棺には人骨があり、首は普通より大きく、色は赤黒かったとある。また、棺のなかには朽《く》ちた紅色の衣服が残っていたそうだ。さらに一斗《と》（約一八リットル）ほど入る金銅《こんどう》製の桶《おけ》があったという。

この事件は当時、大きな話題になったらしく、歌人として有名な藤原定家《ふじわらのていか》も日記『明月記《めいげつき》』にこの事件を記している。定家によれば、先の金銅製の桶には銀の箱が入っていたが、それは骨を入れる骨蔵器《こつぞうき》（骨壺）であり、盗賊は箱だけが欲しかったので、なかの骨や灰を道ばたに捨ててしまったという。じつは盗掘の犯人は逮捕されており、その証言を聞き知ったのだろう。

ともあれ、これらの記録から野口王墓には、棺に入った骨と銀の箱に入った骨の二体が埋葬されていたことがわかる。じつは、持統天皇は日本で初めて火葬された天皇なので、銀の箱から捨てられた骨が持統天皇なのである。定家は盗賊の乱暴なやり方を知り、ショックを受けている。

さて、続く文武天皇（天武と持統の孫）だが、現在、文武天皇陵に治定されているのは、奈良県明日香村《あすかむら》の栗原塚穴古墳《くりはらつかあな》（檜隈安古岡上陵《ひのくまのあこのおかうえのみささぎ》）である。しかし、この古墳は円墳であり、天皇陵としてふさわしくない。

現在は、近くにある八角墳の中尾山古墳《なかおやま》こそが、文武天皇の墓だと考えられている。しかも天皇陵に治定されていないので、こちらの古墳は自由に発掘調査ができる。昭和四十年代にも発掘調査がおこなわれたが、令和二年（二〇二〇）に石室内部の調査がおこなわれた。石槨《せきかく》内は約九〇センチ四方であることがわかり、当然、遺体は小さくて入らない。持統と同じく被葬者は火葬され、骨蔵器に安置されたと考えられる。文武も火葬されたという記録があるので、まさに八角墳で小さい石室を持つ中尾山古墳は、文武天皇の陵墓だといって間違いないだろう。

なお、明治時代に堺《さかい》県和田《わだ》村（現在の大阪府堺市和田地区）から立派な金銅製の壺（金銅製四鐶壺《しかんこ》）が出土し、現在は宮内庁が所有しているが、この金銅製四鐶壺は中尾山古墳から出土したものだと考えられてきた。令和二年に中尾山古墳の石室調査をおこなったところ、石をずらして石室をこじ開けた（盗掘）跡が発見され、室内に骨壺はなかった。ならばこの四鐶壺こそが文武天皇の骨壺か、そう思うかもしれない。だが、残念なことに、こじ開けた隙間からは、狭すぎて金銅製四鐶壺が取り出せないことが判明したのである。つまり、中尾山古墳から盗まれた文武天皇の骨壺は、金銅製四鐶壺ではないことがわかったのだ。

なお、文武天皇は古墳に葬られた最後の天皇である。

4 「大化の改新はなかった」ってどういうこと??

いきなりセンセーショナルなタイトルだが、これについて説明しよう。

かつてみなさんは学校で、蘇我《そが》氏を滅ぼした中大兄《なかのおおえの》皇子は、人事を一新したあと、都を飛鳥《あすか》から難波《なにわ》に遷《うつ》し、翌年正月に改新の詔《みことのり》を発し、これに沿って大化《たいか》の改新が進められたと習っただろう。

『日本書紀《にほんしょき》』には、改新の詔の内容が具体的に紹介されている。要約すれば、私有地と私有民を廃止して公地公民制へ移行すること。国・郡・里といった行政区画を定め、地方官を任命すること。戸籍や計帳を作成し、班田収授法《はんでんしゅうじゅほう》を実施すること。統一的税制度を施行することである。いまの高校日本史の授業でも、この改新の詔が大化の改新の基本原則だと教えている。

ところが、昭和四十年代後半から五十年代前半（一九七〇〜八〇）にかけて、にわかに信じがたい記述が教科書に登場したことがある。ちょっと紹介しよう。

「大化の改新の詔は、のちに「日本書紀」が編纂されたときに、当時の知識にもとづいて文飾を加えられたとの説もあり、大化の改新の存在を疑い、改新の詔に示されたような改

革は、天智《てんじ》天皇または天武《てんむ》天皇の時代にはじまったという説も出されている」(『三省堂日本史　改訂版』三省堂　一九七八年)

「これらの方針の多くは、天武天皇の時代以降に達成されたと考えられている。詔の内容の多くは、飛鳥浄御原令《あすかきよみはらりょう》や大宝律令《たいほうりつりょう》の文章によって後世整えられたという説が有力であり、また改新を史実ではなく、後世の創作とみる説も最近だされている」(『高等学校日本史』学校図書株式会社　一九七三年)

なんと、改新の詔の内容が実現したのは、もっとあとの天智・天武朝だとか、大化の改新自体が虚構だとする説を紹介しているのだ。

じつは、昭和三十年代、原秀三郎氏などが『日本書紀』に記されている大化の改新は、孝徳《こうとく》朝(中大兄皇子の時代)での出来事ではなく、天武・持統《じとう》朝の改革だとする「大化の改新否定論」を発表、これが学界で大いに着目され、教科書の記述に反映されたのだ。

しかしその後、「改新の詔」を載録《さいろく》した『日本書紀』の記述には潤色《じゅんしょく》があるものの、ある程度は実行されたのではないかという論が主流となり、「改新否定論」は少数派となり、教科書からも完全に消えたのである。

とはいえ、現在の教科書にも『日本書紀』の潤色の例として、「発掘された木簡《もっかん》の文字から、改新の詔にある「郡」という行政単位は誤りで「評」が正しい」とする記述が掲載されている。

それにしても、大化の改新が「史実ではなく、後世の創作」だとする学説が教科書に掲載されていたというのは驚きであろう。

ところで、大化の改新と呼ばれる政治改革は、なぜこの時期に起こったのだろうか。国内的事情としては、蘇我氏という天皇に匹敵する力を持つ豪族を排除し、天皇に権力を集中するためだったとされるが、そもそもどうしてそのような体制の変更を必要としたのだろうか。いまの教科書は次のように説明している。

「充実した国家体制を整えた唐《とう》が7世紀半ばに高句麗《こうくり》への侵攻を始めると、国際的緊張の中で周辺諸国は中央集権の確立と国内統一の必要に迫られた」（『詳説日本史B』山川出版社　二〇一八年）

「隋《ずい》が高句麗遠征の失敗などで滅亡したあと、618年に唐がおこり、律令を基本法とする中央集権的な国家体制を充実させていた。そして、唐もまた高句麗への攻撃を始めた。そのため、朝鮮半島の国々や日本は、戦争に備える国づくりを急がねばならなかった」（『新

選日本史B』東京書籍　二〇一七年）

　高句麗というのは、中国東北部から朝鮮半島北部を支配した国家である。そんな高句麗を滅ぼそうとした隋は、遠征に失敗して滅亡することとなるが、新たに成立した唐も高句麗遠征を始めたのだ。しかも唐は、中央政権的な律令制度を完成させた強大な国家だった。このため、日本や朝鮮の国々は唐に攻撃されるのではないかという恐怖を抱いて、国家体制を整備しようと動いたというわけだ。

　このように国際関係の激変という広い視野から大化の改新をとらえることが必要なのだ。せっかくなので、日本史の教科書には書かれていない当時の国際状況を見ておこう。

　隋が六一八年に滅ぶと、中国では群雄割拠の混乱状態が現出したが、太原《たいげん》の李淵《りえん》（高祖《こうそ》）が力を伸ばして唐を創立し、李淵の次男・李世民《りせいみん》の活躍でさらに領土は拡大する。李世民（太宗《たいそう》）は、兄で皇太子の李建成《りけんせい》を倒して第二代皇帝に即位、六二八年についに中国全土を平定した。唐は都を長安《ちょうあん》に置き、律令と呼ばれる法制度を整え、中央集権的な国家体制を築き上げた。

　この強大な帝国・唐の出現は、先に述べたように朝鮮半島や日本にとっては大いなる脅威だった。だから隋が滅んだ翌年の六一九年、隋と対立していた高句麗は、新興の唐に朝《ちょう》貢《こう》している。二年後には朝鮮半島にある新羅《しらぎ》や百済《くだら》も朝貢、こうしていわゆる朝鮮三国は、唐の冊封《さくほう》（唐を宗主国とし従属すること）を受けたのである。では日本は、どう動いたのか。朝鮮の国々よりは少し遅れたものの、唐が中国全土を平らげた二年後の六三〇年、犬《いぬ》上御田鍬《がみのみたすき》を大使として初めての遣唐使《けんとうし》を派遣している。

ところが同年、国家制度を充実させ強大化した唐は、高句麗への攻撃を開始したのである。これにより、東アジアに一気に緊迫した国際情勢が生まれた。このため朝鮮三国では、自国の体制を強化するために政変が相次いでいく。

百済では六四二年に義慈《ぎじ》王が子の豊璋《ほうしょう》をはじめ、多くの王族や貴族を追放して権力を強化した。同年、高句麗でも淵蓋蘇文《えんがいそぶん》が、唐の侵略を防ぐべく、政変を起こして栄留《えんりゅう》王や多くの貴族を殺し、自分に権力を集めて宝蔵《ほうぞう》王を擁立《ようりつ》した。さらに新羅でも、六四七年に善《ぜん》徳《とく》女王を排除しようとするクーデターが起こり、混乱のさなか善徳が死去している。

ここからわかるとおり、じつは六四五年に起こった乙巳《いっし》の変とそれに続く大化の改新は、東アジア情勢の変化に応じた動きだったのである。つまり朝鮮三国と同様、日本も天皇への権力を集中させ、律令国家をつくって大帝国唐に対応するため、強大な蘇我氏を倒して改革を断行する必要に迫られたというわけだ。このように日本史も世界史的観点から見ていく必要があるのである。

以上、大化の改新について述べたが、この時期の研究は非常に活発であり、近年、多くの木簡《もっかん》も発見され、その解析が進みつつあることから、今後も次々と新しい説が登場してくるに違いない。

5 「白紙に戻そう遣唐使」は間違いであるうえ、対等外交というのは大きな勘違い？

八九四年という年号を見ると、おそらく遣唐使《けんとうし》を思い浮かべる方が多いはず。「白紙（八九四）に戻そう遣唐使」とゴロ合わせで覚えた方も多いと思う。

でも、遣唐大使に任命された菅原道真《すがわらのみちざね》が、朝廷に遣唐使の廃止を建白《けんぱく》して了承されたという認識は、もう古いのである。近年はどの教科書を見ても「廃止」とは書かず、「中止」や「停止」となっている。

というのは、朝廷が遣唐使制度を正式に廃止した事実はなく、道真自身も大使の任は解かれていないからだ。とりあえずいったん中止したものの、再始動の可能性も十分あったと考えられている。ただ、昌泰《しょうたい》四年（九〇一）に大使の道真が失脚してしまい、さらにそれから六年後、唐《とう》が滅んだことで、遣唐使派遣は自然消滅となったというわけだ。

ちなみに遣唐使は、舒明《じょめい》天皇の時代（六三〇年）に犬上御田鍬《いぬがみのみたすき》が大使として派遣されたのを最初として、およそ二〇〇年にわたって十六回（異説あり）ほど使節団を送り出した。最後の使節が唐に着いたのは承和《じょうわ》五年（八三八）。その後、半世紀以上途絶えていたが、寛平《かんぴょう》六年（八九四）に朝廷は遣唐使を復活させようとした。しかし道真の反対でそのまま終焉を迎えたのである。

遣唐使の成果については、いまの教科書は次のように記している。

「遣唐使によって、唐から政治制度や国際的な文化、先進技術などがもたらされた」（『日本史B　新訂版』実教出版　二〇一八年）

「遣唐使の派遣は、当初は、律令の導入などの政治目的で進められたが、しだいに先進的な文物の導入を目的とする貿易の色彩が濃くなった」（『高等学校日本史B　最新版』清水書院　二〇一七年）

このように、遣唐使が大陸の進んだ制度や文化を我が国にもたらし、国家の発展に大いに寄与したと述べている。そんなことから私たちは、使節団を唐へ派遣する最大の目的は、大陸文化の摂取にあると思い込んでいる。けれど、こうした定説に対し、異なる認識を持つ研究者もいる。古瀬奈津子氏は、

「どちらかと言えば、遣唐使は文化使節的なイメージが強いと言えるだろう。しかし、近年の研究によって明らかにされてきたように、日本から派遣された遣唐使は、唐にとってはあくまで朝貢使《ちょうこうし》であったと考えられる。遣唐使には日本から唐の皇帝へ朝貢品を献上し、唐との外交関係を結ぶという政治的な役割が最後まであったのである。唐の法典や制度、文化・文物の輸入は副次的なものであった」(『遣唐使の見た中国』吉川弘文館)

と述べている。つまり「文化・文物の輸入」は遣唐使の主目的ではなく、唐との朝貢外交という政治的役割こそが一番の目的だというのだ。

ちなみに日本史の教科書には、唐と日本がどのような関係にあったかをまったく記していない。これは、唐の前に存在した隋《ずい》の場合と極めて対照的である。

たとえば六〇七年に推古《すいこ》天皇が小野妹子《おののいもこ》を遣隋使として派遣したことについて、教科書では「この外交では、隋に臣属しない方針をとったため、皇帝煬帝《ようだい》の怒りをかった。これ

は、服属して朝貢をおこなうことで中国皇帝の権威を利用しようとした倭《わ》の五王《ごおう》の時代とは異なるものであった。これに対して隋は、翌年裴世清《はいせいせい》を使節として倭国につかわした」（『日本史B』実教出版）と書かれている。

この記述は、日本が隋に朝貢関係ではなく対等な関係を求め、煬帝は怒ったものの、答《とう》礼使《れいし》の裴世清を日本へ遣《つか》わし、その関係を受け入れたと読み解ける。

ならば、遣隋使に続く遣唐使は、唐に対してどのような外交方針でのぞんだのか。

繰り返しになるが、その記述がどの教科書からもすっぽり抜け落ちているのである。

何とも不思議なことであるが、当然、私たちは遣隋使同様、遣唐使時代も対等外交が続いていたというイメージを抱いてしまうだろう。

ただ、古瀬氏も述べているように、遣唐使は貢《みつ》ぎ物をもって唐に挨拶に行っているわけだから、日本は唐を主君としてそれに服属する朝貢関係にあったといえるのである。

これに関しては、研究者の井上亘氏も、

「そもそも遣唐使の任務は朝賀への参列にあった。朝賀に参列するということは、「諸蕃《しょばん》」（朝鮮諸国）の朝貢国として位置づけられるということであるから、日本が諸蕃の朝貢国であったことは、唐側も日本側もわかっていたことである」（『古代官僚制と遣唐使の時代』

同成社）

と述べている。

また、井上氏は「日本は唐人からみて「絶域」の「諸蕃・朝貢国」であったということであり、そのような見方は七～九世紀、すなわち遣唐使の時代を通してほとんど変化しなかった」（『前掲書』）と論じており、当時の唐の人々にとって、日本などは取るに足らない朝貢国の一つだったのである。

ただ、そうはいっても、唐からは鑑真《がんじん》などの一流の知識人や技術者がたくさん来日し、日本に進んだ唐の文明を伝えてくれたではないか、そう思うかもしれない。しかしそれも誤った認識である。鑑真は、まさに例外中の例外なのだ。

研究者の榎本淳一氏は、「遣唐使というと活発な国際交流が思い浮かべられ、多くの異国人が日本に渡ってきたかのようなイメージがあるが、現実には来日した唐人はそれほど多くなかった」「遣唐使によりたくさんの外国人が日本を訪れたということはなく、唐との人的交流がきわめて乏《とぼ》しかったのがこの時代の大きな特徴であった」しかも「日本には一流の文化人・知識人が派遣されなかったと思われる」「一流の人物を派遣する必要のない文化水準の低い国という認識が唐側にあったからではないだろうか」「結果として、日本は朝鮮諸国のように一流の文化人・知識人を自国に迎えて、直接的な文化交流をすることはできなかった。このことは、日本の唐文化摂取において大きな制約となった」（「来日した唐人たち」遣唐使船再現シンポジウム編『遣唐使船の時代─時空を駆けた超人たち』角川選書　所収）と述べている。

こうした研究者たちの文章を読んで、何だかがっかりしてしまった方も多いと思うが、しかしながらこれが遣唐使の真実なのである。

さらに驚きなのは、貴族を含めて当時の日本人は、日本と唐が対等な関係だと信じていたことである。なぜなら、朝廷の公卿《くぎょう》（高官）たちがそう思わせるため、事実を偽っていたからだ。嘘のような話だが、これは本当である。

だから、ときおり唐のほうから「日本へ使節を派遣したい」と言ってくるのだが、もし彼らが来日したら、その上下関係が席次などですぐにバレてしまう。そこで、必死に断り続けてきたのである。

いくつか事例を紹介しよう。

唐の送使《そうし》（遣唐使を日本へ送り届ける使節）高表仁《こうひょうじん》の例である。

高表仁は、六三二年に日本にやってきた。舒明天皇の時代だ。ところが高表仁は、「日本の王と礼節を争って穏やかではなく、天子の命を伝えることを承知せず、〔任務を果たすことなく〕帰国した」（上田雄著『遣唐使全航海』草思社）といわれている。

これについて研究者の上田雄氏は、「日本を臣下として見下す唐の国書に対して、唐の使節を対等に扱おうとした日本の姿勢によって生じたトラブルであったろうと考えられる。そのため日本側はあえてその記録を残さなかったのであろう」（『前掲書』）と推測している。そう、このときの記録は日本側には残っておらず、抹消されたようなのだ。

さらに宝亀《ほうき》九年（七七八）にも唐の使いが来日しているが、これについても上田氏は、遣唐使が固く使節の派遣を断ったにもかかわらず、友好のためだとして唐側が強引に送りつけてきたのだという。日本にとってはありがた迷惑な話なのだ。

「なにが迷惑かと言うと、日本が島国の利点を生かして独自に形勢している小中華帝国の国際感覚が、本物の中華帝国の唐使が来日することによって、双方にバレバレになってしまうからであった」（『前掲書』）と上田氏は論じている。

この頃、日本は朝鮮半島の新羅《しらぎ》や渤海《ぼっかい》などを朝貢国として扱い、日本も唐と同様に文明の中心なのだと主張していた。だから唐より格下だとバレてしまうと、たいへん都合が悪いというわけだ。このように我が国は、ダブルスタンダード外交を展開していたのだ。

6　国風文化は日本独自ではないし、清少納言と紫式部はライバルではない？

九世紀初めに唐《とう》が滅亡し、遣唐使《けんとうし》という制度はそのまま消滅した。その後、中国は王朝が乱立・興廃する五代十国《ごだいじっこく》時代（九〇七～九六〇）を経て宋《そう》が統一王朝となる。だが、日本の朝廷は正式な使いを宋へ派遣することはなかった。このため、平安時代中期になると、日本独特の国風《こくふう》文化が発達したといわれてきた。実際、昔の教科書には、次のように書かれている。

「摂関《せっかん》政治のころになると、海外との接触がなくなり、また大陸文化を受けいれてからかなり長い年月がたっているので、日本独自の特色を持った文化が生み出されることになった」（豊田武著『高等学校社会科　日本史』中教出版　一九五九年）

けれど、実際は宋の人々が博多に来航し、民間交易は九州で盛んにおこなわれており、その品物は唐物《からもの》として都の貴族たちにたいへん珍重されていた。

また、「日本独自の特色を持った文化」という表現も正しくない。いずれも中国の文化をもとに日本人好みにしたものであることがわかっている。だからいまの教科書には、「9世紀後半から10世紀になると、貴族社会を中心に、それまでに受け入れられた大陸文化を踏まえ、これに日本人の人情・嗜好《しこう》を加味し、さらに日本の風土にあうように工夫した、優雅で洗練された文化が生まれてきた。このように10～11世紀の文化は、国風化という点に特色があるので、国風文化と呼ばれる」(『詳説日本史B』山川出版社　二〇一八年)と書かれている。このように、これまで導入してきた中国文化をしっかり消化したうえで、それを日本人に合うように修正したのが国風文化なのである。昔から日本人は一工夫を加えたり、アレンジしたりするのが得意だったようだ。

さて、そんな国風化の象徴ともいえるのが、「かな文字」の発達だろう。

この時代は、漢字を簡略化して崩したり、一部分を用いるなどして創作されたひらがなとカタカナが一般的に使用されるようになった。それ以前は、漢文による堅苦しい表現しかできなかったものが、日本人の細やかな感情を書きあらわすことができるようになったのは、まさに画期的だったといえる。とくにこの時代は、女性がかな文字を用いて多くの文学作品を残すようになった。

代表的なのは、やはり清少納言《せいしょうなごん》の『枕草子《まくらのそうし》』と紫式部《むらさきしきぶ》の『源氏物語《げんじものがたり》』だろう。

清少納言は女房《にょうぼう》といって、朝廷や貴族に仕える比較的身分の高い女性で、彼女の主人は一条天皇《いちじょう》の中宮《ちゅうぐう》（皇后）定子《ていし》だった。宮廷で定子の世話や話し相手をするとともに教育係でもあったといわれている。

当時は摂関《せっかん》政治の全盛期。藤原《ふじわら》氏一族（摂関家）は、妹や娘を天皇の妻にし、外戚《がいせき》（母方の親戚）として力をふるおうとした。だから天皇に気に入ってもらえるよう、一族の女性に優秀な女房をつけ、教養を学ばせたのである。

清少納言は和歌が得意だった。曾《そう》祖父や父が有名な歌人で、その遺伝子を継いだのかもしれない。貴族が好む漢学にも詳しく、頭の回転が速くて相手の問いかけにすぐにユーモアや気の利《き》いた言葉を返し、その場にぴったりな見事な歌を詠《よ》み上げた。

なお、清少納言は、本名ではない。女房名といって、貴族に仕えるとき仮につける名。清少納言の「清」は父方の清原《きよはら》氏の一字をとったもの。少納言は朝廷の職名。通常、父や夫の職にちなむことが多いのだが、彼女の周りには少納言の官職を持つ人はいないので謎だ。清原諾子《なぎこ》が本名という説もあるが、確かではない。このように、当時の女性の本名はほとんど記録に残っていないのだ。

清少納言は、中級貴族の清原元輔《もとすけ》の娘として生まれ、十六歳ぐらいで橘則光《たちばなののりみつ》と結婚。二人の間には息子（則長《のりなが》）が生まれるが、やがて夫と別れ、正暦《しょうりゃく》四年（九九三）頃に定子に仕えた。

『枕草子』は、日頃感じたことや昔の思い出、創作した話をつづったもので、いまでいうと随筆やエッセーのような読み物。文章を書くことになったのは、主人の定子が勧めたからだ。兄から大量の紙をもらった定子が、清少納言に向かって「これに何かを書いたらどうです」と言ってくれたそうだ。書き始めたのは長徳《ちょうとく》二年（九九六）頃だというが、完成したのは長保《ちょうほう》三年（一〇〇一）頃らしい。残念ながら前年に定子は二十四歳で死去し、清少納言も宮仕えを辞めたようだ。ただ、『枕草子』は貴族の間で大変な評判となり、清少納言の名を知らぬ女房はいないほどになった。

いくつか『枕草子』の内容を紹介しよう。

「うつくしきもの」という題名で書いた文章がある。当時は「かわいい」という意味だが、清少納言は「すずめの子が、ねずみの鳴きまねをすると、踊るように近づいてくること」

や「親鳥がひよこを連れて歩いている様子」などをあげている。いまの私たちと同じ感覚を持っていることがわかる。

「あてなるもの」これは「上品なもの」という意味だが、その一つに「削り氷にあまづら入れて、あたらしき金鋺に入れたる」とある。「削り氷」はかき氷のこと。「あまづら」は、蔓草《つるくさ》の樹液などを煮詰めてつくった甘いシロップ。平安貴族が金属の器にかき氷を入れて食べていたことがわかる。

清少納言は三十代のとき老齢の藤原棟世《むねよ》と再婚し、娘（小馬命婦《こまのみょうぶ》）を生むが、まもなく棟世は亡くなり、晩年は兄の致信《むねのぶ》と同居していたという。しかし致信が長和《ちょうわ》六年（一〇一七）に争いに巻き込まれて殺されてしまい、その後は各地をさまよう落ちぶれた生活を送ったと鎌倉時代の本などに記されている。でも、実際はまだ健在な兄弟や子供たちがいたので、落ちぶれ伝説はあまり信用できない。万寿《まんじゅ》二年（一〇二五）前後に亡くなったといわれている。

一方、『源氏物語』の作者・紫式部も一条天皇の中宮（皇后）彰子《しょうし》の女房だった。紫式部は清少納言の人気が面白くなかったようで、「大したことがないのに利口ぶっている」

と悪口を言っている。そうしたこともあり、清少納言と紫式部はライバルだったと思い込んでいる方がいると思う。

だが、紫式部が宮仕えしたときにはもう清少納言は引退しており、二人が顔を合わせることはなかったのである。つまり、二人はライバルなどではなく、紫式部が一方的に清少納言を毛嫌いしていたというのが史実なのである。

なお、紫式部の『源氏物語』の文字数はおよそ百万字。四百字詰の原稿用紙でいうと、なんと二千四、五百枚ほどにもなる。光源氏《ひかるげんじ》とその子・薫《かおる》を主人公とし、七十年に及ぶ恋愛を中心とする壮大な内容で、最高文学作品の一つだと高く評価されている。歴史学の分野でも、『源氏物語』のおかげで、平安貴族たちがどんな生活を送っていたかを詳しく知ることができるのである。

紫式部は、貴族の藤原為時《ためとき》の娘として、天禄《てんろく》元年（九七〇）から天禄四年ぐらいの間に誕生した。紫式部という名も本名ではなく、紫式部の「紫」の由来は、『源氏物語』に登場する「紫の上」から来ているといわれている。「式部」というのは、父の為時が式部省の役人「式部丞《じょう》」だったので、その官職（役職）名からとったのだ。

式部は母を幼くして失い、尊敬していた姉も少女時代に病死、父子家庭で育った。弟には惟規《のぶのり》がいる。為時は、跡継ぎである惟規に勉強を教えたが、側で聞いていた紫式部のほうがよく覚えてしまうので、「この子が跡継ぎだったら」と残念がったという。

理由は不明ながら二十代後半になっても独身で、父の為時が長徳二年（九九六）に越前《えちぜんの》守《かみ》として現地へ赴任《ふにん》したさいも同行している。しかし二年後、藤原宣孝《のぶたか》から手紙で求婚されて都に戻る。宣孝は四十代半ばで、別の女性との間に生まれた二十代半ばの息子もいた。

結婚した翌年、式部は賢子《かたいこ》を生んだが、しばらくすると夫の宣孝が感染症で急死してしまい、結婚生活は三年ほどで終止符を打った。式部がその悲しみや憂《う》さを晴らすために書いたのが『源氏物語』だといわれている。

その内容がすばらしいという噂を聞きつけた朝廷の実力者の藤原道長《みちなが》が、紫式部を招いて娘の彰子（一条天皇の中宮）に仕えさせることにしたといわれている。紫式部は彰子に信頼されたが、しばらくして退職し、理由はわからないが、数年後に呼び戻され、ふたたび彰子に仕えた。ただ、晩年はどのように暮らし、いつ亡くなったのかはまったくわかっていない。

ともあれ、摂関政治という特異な政治形態が一般化したことで、朝廷に優秀な女房が現れ、小説や随筆、日記や和歌などの分野で優れた作品を残すようになったのである。これを女房文学と呼ぶ。

7 「天下布武」の印を使った織田信長は、天下統一を目指していなかった?

ドラマや映画などの主人公にもたびたび取り上げられているので、織田信長《おだのぶなが》が大好きだという人は多いだろう。おそらく、歴史人物の人気ランキングでベスト・スリーには入ってくるはずだ。

若い頃の奇抜な格好や頭脳明晰《めいせき》で素早い決断力、鉄砲を大量に用いた巧《たく》みな戦略、楽《らく》市《いち》・楽座《らくざ》など革新的な政策の展開、天下統一を目前にした非業《ひごう》の死。おそらくそれが、私たちの持つ一般的な信長のイメージだろう。

だが、近年の研究によると、そうしたイメージとかなりかけ離れていることがわかってきている。

まずは、現在の教科書の記述を紹介しよう。

「戦国大名の中で最初に全国統一に乗り出したのは尾張《おわり》の織田信長であった」「美濃《みの》の

織田信長天下布武の朱印状（兵庫県立歴史博物館所蔵）

斎藤《さいとう》氏を滅ぼして岐阜城に移ると、「天《てん》下《か》布《ふ》武」の印判を使用して上洛《じょうらく》の意志を明らかにした。翌年信長は、畿内《きない》を追われていた足利義昭《あしかがよしあき》を立てて入京し、義昭を将軍職につけて、全国統一の第一歩を踏み出した」（『詳説日本史B』山川出版社　二〇一八年）

これを読むかぎりは、昔の教科書の記述とあまり変わらない。ただ、「天下布武」の補足説明として書かれた、この教科書の脚注部分に意外な解釈が載っている。以下の一文を読んでいただきたい。

「当時の「天下」には、世界・全国という意味のほか、畿内を指す用法もあった。信長の用いた「天下」を後者の意とみる説もある」

いかがだろうか。私たちは「天下布武」というのは、全国に武家政権を樹立するという意味であり、信長は天下統一を目指していたと教わってきた。それなのにこの教科書の脚注には、信長の言う「天下」は「全国」ではなく「畿内」のことを示していたとする説も紹介されているのだ。

畿内とは、大和《やまと》・山城《やましろ》・摂津《せっつ》・河内《かわち》・和泉《いずみ》国の五つ、おおむね現在の奈良・京都・兵庫・大阪の一府三県の大部分に当たる地域である。

じつは近年、「天下布武」は全国統一を意味する言葉ではなく、足利義昭を奉じて上洛し、畿内に室町幕府の将軍政治を復活させようという意味に解釈すべきだという説が強くなっているのである。

つまり信長は、将軍の権力を回復させて京都を中心とする畿内を安定させ、そのうえで、自分の分国《ぶんこく》（領国）拡大に乗り出していくつもりだったのだというのだ。

だが、上洛に成功して義昭を将軍にしても、なかなか畿内（天下）は平和にならず、仕方なく信長は、畿内周辺の敵を次々と平らげていった。だが、その過程で将軍義昭とも対立するようになってしまう。結果、「天正《てんしょう》元年の義昭追放を機に「天下」であった五畿内が分国になった段階を経て、さらに分国が拡大していくと、天下は全国を意味する語へと飛躍していった」（池上裕子著『織田信長』吉川弘文館）というのである。

ちょっとわかりづらい表現かもしれないので、補足すると、信長は頑張って畿内を安定させようと戦っているうち領地が急拡大し、さらに将軍義昭を追放してしまったので、はからずも自分がそれに代わって天下（全国）を静謐《せいひつ》にする天下人《てんかびと》の役目を演じなくてはならないような状況が生まれたということだ。

だから信長も当初は、いったん放逐《ほうちく》した義昭を京都に戻すため、部下の秀吉《ひでよし》を通じて交渉をおこなったが、結局、決裂してしまう。

研究者の柴裕之氏は、この段階で信長自身は「室町幕府将軍足利家に代わって天下人になることを望んではおらず、また室町幕府を否定する気もなかったようなのだ。つまり、この時点での信長は、室町幕府将軍足利氏が不在となっていたため、代行者として振舞っているというだけのことだったのである」（『織田信長　戦国時代の「正義」を貫く』平凡社）と述べている。

同じく研究者の松下浩氏も、その著書『織田信長―その虚像と実像』（サンライズ出版）で、信長は将軍義昭が天下を捨て置くから自分が代わりに天下静謐を実行するのだという立場を主張したとする。また、「「天下」とは、あくまで天皇を中心とする世界であり、その平和を乱すものに対する成敗を、信長は自身の戦争の大義名分とし」「上洛当初は将軍義昭を媒介《ばいかい》とし、将軍より委任を受けるという形をとっているのに対し、将軍が京都を逐《お》われてからは、それを自身の果たすべき責務として主張」「天正三年一一月に右近衛《うこのえ》大将に任ぜられ」「常置の武官の最上位の」「官職を得たことが、将軍を媒介としない、天下委任の論理を制度上保障」したと論じている。

ただ、信長に追放され、中国の毛利《もうり》氏のもとに走った義昭は、将軍としての力をまだ保持していたから、信長はさらに天皇との結びつきを強め、天皇の権威を利用することで自己の権力の正当性を主張しようとしたのだという。具体的には、安土《あづち》城への天皇の行幸《ぎょうこう》を計画したり、天皇の前で信長が家臣や公卿《くぎょう》を引き連れて行進する京都馬揃えをおこなったのである。

先の柴裕之氏も「信長は、自身が天下人として公認されたことを、右近衛大将になることによって世間に示したのである。そしてこの後、さらに信長は昇進し、天正六年正月には正二位《しょうにい》右大臣兼右近衛大将となり、同時期の武家として最高位に上り詰める。これにより、信長は将軍義昭に代わって天下人として君臨することになった。こうして、天下人信長を頂点とする中央権力としての「織田権力」が本格的に始動する」(『織田信長　戦国時代の「正義」を貫く』)と述べている。

少し難しくなってしまったが、もう一度整理すると、当初信長は天下統一などは目指しておらず、「天下布武」は、義昭を奉じて上洛し、室町幕府の将軍政治を復活させて畿内を安定させるという意味だった。だが、なかなか天下（畿内）は静謐にならず、逆らう者たちを平らげていくうちに天下の範囲は全国へと広がっていった。さらに世の中を静謐にする天下人たる将軍義昭と対立して放逐《ほうちく》してしまう。けれど、当初は自分が天下人になるつもりはなく、義昭との和解を模索するが、それが破談となったので、天皇との結びつきを強め、朝廷の官位をもらい、己《おのれ》自身が天下人となっていったというわけだ。

こうして成立した織田政権について、現在の教科書は次のように評価している。

「信長は、家臣団の城下町への集住を徹底させるなどして、機動的で強大な軍事力をつくり上げ、すぐれた軍事的手腕でつぎつぎと戦国大名を倒しただけでなく、伝統的な政治や宗教の秩序・権威を克服することにも積極的であった。また経済面では、戦国大名がおこなっていた指出検地《さしだしけんち》や関所の撤廃を征服地に広く実施したほか、自治的都市として繁栄を誇った堺《さかい》を武力で屈服させて直轄《ちょっかつ》領とするなどして、畿内の高い経済力を自分のものとし、また安土城下町に楽市令を出して、商工業者に自由な営業活動を認めるなど、都市や商工業を重視する政策を強く打ち出していった」（『詳説日本史B』山川出版社　二〇一八年）

少し長めの引用となったが、みなさんがかつて学んだ頃とまったく変化せず、信長は伝統的な権威にとらわれず、楽市令（楽市・楽座）や関所の廃止など、経済的な先進性があり、安土城に家臣を集住させるなど革新的な政策を展開したように書かれている。

だが、近年の研究では、この評価はがらりと変わってしまう。

もっと先進的な大名はいくらでもおり、取り立てて信長の政策が進んでいたわけではないことがわかってきたのだ。

先の柴裕之氏によれば、安土城における家臣集住については、「側近や馬廻衆《うままわり》といった直臣《じきしん》」に限られ、「それ以外の者はそれぞれの所領で活動していた。つまり、集住の対象者は限定されたものだったのだ。この限られた存在のみに注目して、革新的な織田軍団というイメージを語ることはできない」（『織田信長　戦国時代の「正義」を貫く』）と述べる。

さらに、甲斐《かい》の武田《たけだ》氏、相模《さがみ》の北条《ほうじょう》氏、駿河《するが》の今川《いまがわ》氏などほかの「戦国大名などにも、家臣が城下に集住したことは確認されている。そうなると、安土での集住を、時代を画《かく》するような「革命児」信長の事業として評価することは難しい」（『前掲書』）と断じる。

また、楽市・楽座についても、その評価は大きく変わっている。これは座という特権的同業者の組合を認めず、市場税なども免除して誰もが自由に商売に参入できる法令である。

教科書にはよく、安土山下町《さんげちょう》（安土城の城下町）に発布された楽市令が原文のまま紹介されている。

これに関しても柴氏は、「長らく「革命児」信長のイメージのもと、信長による画期的な事業として位置づけられてきた。しかし、「楽市楽座」は各地の戦国大名のもとでもおこなわれていたこと、また、その背景には、それぞれの地域に固有の地理的条件や歴史的状況があったことが明らかとなって」おり、「安土山下町の場合、織田権力の拠点と化したことで急ぎ開設された新興都市であったという地域事情から、この都市の振興のための措置《そち》が必要とされた」のだとし、座によって「市場流通が支障なく運営されるようであれば、座を保護する姿勢を示した」として、その事例をいくつも紹介している。

伝統的な既得権益集団である座を容赦なく解体し、各地の市場の税を撤廃して自由な商活動を認めたという教科書の記述はもう古くなりつつあるのだ。

また信長といえば、比叡山《ひえいざん》焼き打ちや一向一揆《いっこういっき》の皆殺しなど、容赦なく伝統的権威である寺社を破壊したというイメージがあるが、これも誤りである。

先の松下浩氏によれば、「信長の寺社への基本的な対応は保護であり、宗教弾圧などは一切行っていない。尾張時代から、津島《つしま》社や熱田《あつた》社の社領を安堵《あんど》するなど、その姿勢は一貫している」「信長の宗教勢力に対する態度は、あくまで政治勢力として自分に敵対するか否かが基準」（『織田信長―その虚像と実像』）となったのだとする。つまり、これまでの為政者と何ら変わるところがなかったのである。

とはいえ、さすがに鉄砲という武器に着目して、足軽鉄砲隊をつくったのは信長の革新性といってよいだろう。そう思う方も多いだろう。いまの教科書にも、

「長篠《ながしの》合戦では、鉄砲を大量に用いた戦法で、騎馬隊を中心とする強敵武田勝頼《かつより》の軍に大勝」（『詳説日本史B』山川出版社　二〇一八年）したとある。

ところが、大量の鉄砲を所持したのは信長が初めてではないことがわかっているのだ。

なお、長篠の戦いでは、武田勝頼の騎馬隊を三千の足軽鉄砲隊の三段撃ちで破ったことが有名だが、最近は三段撃ちは否定され、武田軍も多数の鉄砲を有していたことが判明、勝因は単なる数の差（織田・徳川連合軍は武田軍の二倍以上の数）だったという説も出てきている。

このように信長という戦国大名の革新性はことごとく否定されつつあるのだ。

そして極めつけとして、信長は「同盟相手同士が敵対しても、そのまま手をこまねいていた」「すべての勢力と同盟関係をむすんだり、ひとつの勢力にだけ肩入れして、その考え方を変えない不器用さ」「外交という局面における状況判断の甘さ、平衡《へいこう》感覚の欠如」「裏切られるまで、その気配に気づかないという〝油断〟」（金子拓著『織田信長―不器用すぎた天下人』河出書房新社）という評価が出てきたことだ。空気の読めない外交ベタ、それが信長だというのだ。

何とも残念な話だが、歴史研究の進展によって、織田信長像は大きく変わりつつあるのである。

2章　教科書で習ったと思い込んでいる日本史

1　大化の改新の中心人物は、中大兄皇子ではなかった？

みなさんは、大化《たいか》の改新をどんなゴロ合わせで記憶しただろうか。ちなみに知人たちに尋《たず》ねて驚いたのは、人によってゴロ合わせが違ったことである。私は「虫殺しの大化の改新」と覚えたが、「無事故に終わった大化の改新」とか「蒸しごはんを食べる途中で大化の改新」、なかには「無視ごめん大化の改新」という短いフレーズもあった。ただ、大化の改新を六四五年の出来事だと習ったのはすべてに共通していた。

でも、それが正しくないことは、拙著『逆転した日本史』でかつて解説した。

では、実際近年の日本史教科書がどう変化しているのか、平成二十九・三十年のものをいくつか見てみよう。

「中大兄皇子《なかのおおえの》は、中臣鎌足《なかとみのかまたり》（のち藤原氏《ふじわら》）らとともに、645年、蘇我蝦夷《そがのえみし》・入鹿《いるか》を倒して政権をにぎり（乙巳《いっし》の変）、国政の改革に着手した」（『新選日本史B』東京書籍）

「645年、中央集権的な新しい国家体制をめざす中大兄皇子・中臣（のち藤原氏）鎌足らは、蘇我宗本家に権力を集中して王権を支える方式をとろうとした蘇我蝦夷・入鹿父子をクーデターで倒した（乙巳の変）」（『高等学校日本史B　最新版』清水書院）

「645年、中大兄皇子らは入鹿とその父蝦夷を倒し（乙巳の変）」（『日本史B　新訂版』実教出版）

いかがであろうか。

蘇我氏を倒した事件そのものを大化の改新とは呼ばず、「乙巳の変」と称していることがわかるだろう。「乙巳の変」なんて言葉を耳にしたことのない方もいると思うが、いまの高校生はこちらのほうが常識なのだ。

ならば大化の改新は、どのような出来事を指すのか。これも教科書から抜き出してみる。

「こうした一連の政治改革を、大化の改新と呼び」（『新選日本史B　新訂版』東京書籍）

「乙巳の変以後の一連の政治改革を大化改新という」（『高等学校日本史B　最新版』清水書院）

「新政権がおこなったこれらの一連の改革を大化改新という」（『日本史B　新訂版』実教出版）

つまり、乙巳の変のあとに新しく成立した政権による一連の政治改革の総称、それを大化の改新と呼んでいるのだ。

では、大化の改新の概要について、教科書の記述を確認してみよう。

「中大兄皇子は、蘇我倉山田石川麻呂《そがのくらやまだのいしかわまろ》や中臣鎌足の協力を得て、王族中心の中央集権をめざし、645（大化元）年に蘇我蝦夷・入鹿を滅ぼした（乙巳の変）。そして皇極《こうぎょく》天皇の譲位を受けて、王族の軽《かるの》皇子が即位して孝徳《こうとく》天皇となり、中大兄皇子を皇太子、また阿倍《あべの》内麻呂《うちのまろ》・蘇我倉山田石川麻呂を左・右大臣、中臣鎌足を内大臣、旻《みん》と高向玄理《たかむこのくろまろ》を国博士《くにのはかせ》とする新政権が成立し、大王宮《おおきみのみや》を飛鳥《あすか》から難波《なにわ》に移して政治改革を進めた」「孝徳天皇時代の諸改革は、大化改新といわれる」（『詳説日本史B』山川出版社　二〇一八年）

いかがだろうか。みなさんの学んだ頃と、変わった点に気がついただろうか。

そう、注意深く読んでみると、蘇我氏を滅ぼしたのは中大兄皇子だが、その後の政治改革は孝徳天皇が主導しているように読み解けるのだ。これまで孝徳天皇は、中大兄皇子に擁立《ようりつ》された操り人形のイメージが強かったが、近年はむしろ、孝徳天皇こそが乙巳の変の首謀者で、大化の改新の推進者だとする論が有力になっている。それが教科書の記述にも反映された可能性があるのだ。これについては、拙著『逆転した日本史』で少し触れたこともあるが、今回はもう少し深掘りしていこうと思う。

研究者の遠山美都男氏は、その著書『敗者の日本史1　大化改新と蘇我氏』（吉川弘文館）

などで、次のような論を展開している。その主張を要約して紹介する。

「大化の改新の主役は、軽皇子（孝徳天皇）だった。もともと即位できる立場の皇族ではなかったが、姉が皇極天皇となったことで即位の可能性が高まった。しかし、皇極天皇が蘇我入鹿に山背大兄《やましろのおおえの》王（聖徳《しょうとく》太子の子）を殺させ、次の天皇には蘇我氏が支持する古人大《ふるひとのおお》兄《えの》王に決定する。このため軽皇子が天皇になるためには、蘇我氏を倒す以外に道はなくなり、乙巳の変を実行させたのだ」

　さらに遠山氏は、

「こうして即位した孝徳天皇のもとで政治改革がなされるが、次第に皇極上皇と中大兄皇子の力が強くなり、六五三年、孝徳天皇は退位を迫られるが、これを拒否すると皇極と中大兄は豪族たちを引き連れ、孝徳を置き去りにして飛鳥に戻った。結果、孝徳は失脚して寂《さび》しく歿し、皇極が重祚《ちょうそ》（退位した天皇がふたたび即位すること）して斉明《さいめい》天皇となり、中大兄皇子は皇太子となった」というのである。

　確かに軽皇子（孝徳天皇）が乙巳の変の首謀者だというのは説得力を持つ。もし中大兄皇子が変の主役なら、彼自身がそのまま天皇になればよいわけだから。ただし、こうした主張に対し、当時は「大兄」と呼ばれる地位にある者が、政治をとる仕組みが成立していたとする説もある。たとえば、山背大兄王も父の聖徳太子が歿したあと、推古《すいこ》天皇から舒明《じょめい》天皇までの二十年近くを「大兄」として政務を見ていたので、同じように、孝徳天皇のもとで、「大兄」となった中大兄皇子が政治を主導するのはおかしくはないというのだ。

なお、研究者の中村修也氏も遠山氏同様、「軽皇子が中心になって蘇我氏を倒し、皇太子の古人大兄王《ふるひとのおおえのおう》を失脚させたうえで、皇極天皇に退位を強《し》いた」(『偽りの大化改新』講談社現代新書)とする。さらに「中大兄皇子は乙巳の変や大化改新にはかかわっていないか、かかわっていても単なる刺客の一人」であり、「軽皇子のライバルだった中大兄皇子は、乙巳の変後、母の皇極天皇とともに力を失った」と主張する。つまり、中大兄皇子は、クーデターの主導者どころか被害者だというのだ。

また、「通説にあるように、孝徳天皇が難波《なにわ》に置き去りにされて憤死《ふんし》したのは誤りで、自然死か病死であって、その死後、皇極が権力を取り戻し、重祚して斉明天皇になったのだ」とする。ちなみに母の皇極天皇が息子の中大兄皇子に皇位を譲らなかったのは、彼が皇太子にすらなっていなかったからだという。

さらに中村氏は、驚きの論を展開していく。

『日本書紀《にほんしょき》』で中大兄皇子が孝徳朝での権力者として扱われるのは、同書の編纂《へんさん》を命じた天武《てんむ》天皇が、兄をおとしめようとするのが目的だったというのだ。

確かに『日本書紀』を読むと、中大兄皇子が蘇我蝦夷や入鹿、古人大兄王を殺し、協力者の蘇我倉山田石川麻呂を弾圧し、孝徳天皇を難波に置き去りにし、謀反《むほん》の罪を着せて有間《ありまの》皇子（孝徳の子）を処刑したことが明記されている。あまりにワルすぎる。

天武天皇は、天智《てんじ》の子・大友《おおともの》皇子の近江《おうみ》朝を滅ぼし、武力で政権を奪い取った人物。それゆえ、あえて兄を悪者にして自分の新王朝を正当化する必要があったのだという。


少し話が横道に逸《そ》れてしまったが、いま述べた遠山氏や中村氏のように、孝徳天皇や孝徳朝での改革の成果を高く評価する研究者は少なくない。

たとえば、孝徳天皇は飛鳥から難波長柄豊碕宮《なにわのながらのとよさきのみや》に遷都《せんと》したが、岸本直文氏はこの都について、「君主の絶対的な位置を示し、また国家機構を動かす中枢《ちゅうすう》施設として、中国の都城をモデルに難波長柄豊碕宮を造営」したと評価し、この都は「かつてない規模の壮麗な宮殿」であり、「その宮殿構造は大化改新がめざした国家体制の姿を顕示《けんじ》するものであった」と断じている。さらに「天武・持統朝の成熟も、孝徳朝の転機があってのことであり、諸制度を導入し運用していくことの開始をまず評価すべき」（「大化改新論と難波長柄豊碕宮研究の現在」大阪市立大学難波宮研究会編『難波宮と大化改新』和泉書院　所収）と、孝徳朝が歴史のターニング・ポイントであったことを指摘する。

また、磐下徹氏によれば、研究者の吉川真司氏を皮切りとする研究が「七世紀木簡《もっかん》と前期難波宮跡という新たな素材を駆使し」「八世紀以降に直結する律令制的な公民制・官僚制を備えた国家体制が孝徳朝に成立していたとして、天武・持統朝を重視する通説的理解を批判、孝徳朝の歴史的意義を高く評価」（「大化改新論に関する覚書」『前掲書』所収）していると述べる。

もちろん、孝徳朝を高評価する説に対して批判的な研究者も少なくないので、今後も動向が変わる可能性は十分にあるが、これまで影の薄かった孝徳天皇がこのようにクローズアップされてきているのである。

2　江戸時代の日本人は、牛や豚など獣肉をまったく食べなかった

明治時代になると、西洋の食文化が怒濤《どとう》のように入ってくる。とくに文明開化の時期に

は牛鍋《ぎゅうなべ》なるものが流行した。これは学校の歴史の授業で習うことである。ただ、それ以前は他国と異なり、日本では牛や豚など獣肉を食する風習はなかったと信じている方も少なくないだろう。

けれど、そうした認識は正しくないのである。本項ではそのあたりのことを含めて、日本人の獣肉食について考察していこう。

もともと旧石器時代の日本人は獣肉を好んでいた。長野県の野尻湖からはナウマンゾウやオオツノジカといった大型獣を多数解体したキル・サイトと呼ばれる遺跡が出土している。大型獣が絶滅した縄文時代の地層でも無数の落とし穴が発見されており、鹿や猪《いのしし》を捕らえて獣肉を常食していたことが判明している。

農耕が広まった弥生時代にも、狩猟をやめたわけではない。『魏志《ぎし》』倭人伝《わじんでん》に「日本人は親族の喪《も》に服すさい十日間肉を食べない」と記されており、普段は肉を食べていたことがわかっているからだ。

ただ、仏教が国教化すると、朝廷が獣肉食を禁じるようになる。六七五年には、天武《てんむ》天皇が初めて獣肉食禁止令を発し、牛・馬・犬・猿・鶏を食べることを禁じた。奈良時代も元正《げんしょう》天皇が「散乱する獣骨は埋めよ。獣は殺すな」と命じ、聖武《しょうむ》天皇も「有用な牛や馬を殺したら厳罰に処す」と宣告している。このように、猪や鹿の捕食は容認したが、続く孝謙《こうけん》天皇は、獣肉を朝廷に献上することを禁止した。こうした禁令により、貴族から獣肉食の風習は消えたが、美味ゆえに庶民は普通に肉を食べていた。

鎌倉時代には、幕府が禅僧を側近にしたこともあり、やはり頻繁《ひんぱん》に獣肉禁止令を出し、武士の獣肉食は薄れていった。ところが戦国時代、それが復活する。そう、南蛮人がやってきたからだ。

『日本西教史』(『日本教会史』とも)は、江戸初期のキリスト教・イエズス会宣教師クラッセの著した日本キリシタン通史である。そこには、戦国時代における日本人の獣肉食について次のように記している。

「日本人の牛肉、豚肉、羊肉を忌《い》むこと我が国人の馬肉におけるに全《おな》じ。また牛乳を飲むは生血を吸うが如《ごと》しとしてあえて用いず。牛馬極めて多しといえども、牛は農事等に用い、馬は戦場に用うるのみなり。日本人は猟獣の旬《てん》期《き》において得たる野獣肉のほかはすべて食わず」

このように獣肉食の禁忌《きんき》が強かったことがわかる。ところが南蛮人が獣肉食の風習を持ち込むと、やはり肉はおいしいので、ふたたび肉食が広がりを見せていく。

これを利用したのが、キリスト教（イエズス会）の宣教師たちだった。

彼らは積極的に庶民に牛肉料理をふるまい、入信させようとしたのである。

たとえば、宣教師ガスパル・ビレラは、豊後《ぶんご》府内（現在の大分県大分市）で信者四百人を招き、牛一頭分の肉と一緒に煮た飯をご馳走している。人々は皆喜んで食べたと『耶蘇《やそ》会士《かいし》日本通信』（戦国期に来日したイエズス会宣教師・修道士の布教報告の書簡をまとめた書籍）に記されている。

また、松永貞徳《まつながていとく》の『慰草《なぐさみぐさ》』（江戸前期の随筆）には、「吉利支丹《きりしたん》の日本へいりたりし時、京衆、牛肉をわか（ポルトガル語で牛肉の意）とがう（号）してもてはやせり」（藤井乙男著『史話俳談』日本出版配給　所収　カッコ内は筆者の補足）とあり、ヨーロッパの肉食の風が京都に浸透していたとする。

宣教師は牛肉のほか、ワインや南蛮菓子も人々に提供した。こうした行為について、仏教の僧侶たちは、次のような噂を広めたと宣教師のルイス・フロイスが述べている。

「伴天連《ばてれん》（キリスト教徒への蔑称）が真夜中に外出し、死者が埋葬されている野辺《のべ》に行き、新鮮な人肉を食べるのが好きなところから、自分の手で死者を掘り出すことについては確証がある。その証拠として、その墓の外に、あちらこちらの肉が喰われた死人の手足が現に見出されているのである」「僧侶が肉類や魚類を食べることは、日本のあらゆる宗派や宗団で厳禁されているにもかかわらず、伴天連は平素、豚や鹿ばかりでなく、さらに悪いことに、牡牛《おうし》、牝牛《めうし》、馬、犬、および人が嫌うあらゆる不潔なものまで食べる」(『完訳フロイス日本史1　織田信長編I』松田毅一・川崎桃太訳　中公文庫)

さらに仏僧は、キリスト教の教会前に死体の手首を置いたり、壁に血を塗りたくるなど嫌がらせをおこない、信者たちをキリスト教から遠ざけようとしたという。逆にいえば、それだけ日本人が肉を用いた南蛮料理に魅入られ、キリスト教に入信した証左だといえよう。

武将の間にも肉食の風は広まった。たとえば、平戸《ひらど》の戦国大名である松浦鎮信《まつらしげのぶ》は、イギリス人に牛肉や豚肉の料理をつくらせたし、キリシタン大名の高山右近《たかやまうこん》は、小田原平定の陣中で蒲生氏郷《がもううじさと》や細川忠興《ほそかわただおき》に牛肉料理をご馳走している。

以上のように戦国時代から江戸初期にかけて復活した獣肉食だが、江戸時代の最初の料理本『料理物語』(寛永《かんえい》二十年・一六四三)には、牛、羊、鹿、熊、猿、犬、狐といった獣肉をつかった料理が詳しく記されている。

また、犬食も盛んだったらしく、大道寺友山が著した『落穂集(追加)』には、「我等若き頃までは、ご当地（江戸）町方において、犬と申すものは稀《まれ》にて、見当り申さず候《そうろう》。武家町方とも、しもじもの食べ物には犬にまさりたる物これなしとて、冬向きになり候《そうら》えば、見合い次第打ち殺し、賞翫仕《しょうがんつかまつ》るにつきての儀とこれあり」とある。

ところが、時代が進むにつれ、またもや流行は下火になる。想像できると思うが、こうした犬食を含む獣肉食を一掃したのが、五代将軍綱吉《つなよし》であった。周知のように生類憐《しょうるいあわれ》みの令は、犬をはじめ生き物の極端な保護令。ゆえに処罰を恐れ、江戸市中においては完全に獣肉食が消失した。けれど、どうも地方までは強い効力がなかったらしく、害獣の駆逐《くちく》という名目で狩猟がなされ、捕獲された猪や鹿などは食卓にのぼっていた。

さらに驚くべきは、徳川将軍が獣肉を食べていたかもしれないことである。

じつは彦根藩主の井伊《いい》家（徳川四天王《してんのう》）では毎年、近江牛を味噌漬けにして将軍家に御《ご》養生肉《ようじょう》（病気のさいに薬として食する）として献上するのが慣例となっていたのである。ただ、それを実際に歴代将軍がすべて食べたかどうかは、記録にないのでわからない。

なお、江戸時代でも獣肉食が盛んになされていた地域がある。一つは蝦夷地《えぞち》（北海道）だ。アイヌの狩猟は制限されず、ヒグマなどを狩って魂（カムイ）を神のもとへ送り、その肉を食すイヨマンテの祭りも規制されなかった。島津氏の配下に組み込まれた琉球《りゅうきゅう》王国（沖縄）でも、豚と羊を食べる風習があった。

さて、江戸時代も文化《ぶんか》・文政期《ぶんせい》（一八〇四～三〇）になると、食生活も豊かになり、「ももんじ屋」などと呼ばれる獣肉専門料理店が登場する。人々が獣肉を好んで食べるようになったので、その値段が鰻《うなぎ》と同じくらいに跳ね上がったとされる。

江戸には数え切れないほどの肉料理専門店が生まれたが、形式的には獣肉食は禁忌だったので、猪肉を「山鯨《やまくじら》」、鹿肉を「紅葉《もみじ》」と隠語で呼んだ。獣肉は味噌と葱《ねぎ》を入れ、ぐつぐつと煮込んで食べた。

ただ、鍋に入れるのは、猪や鹿だけではなかった。天保三年（一八三二）から刊行が始まった『江戸繁昌記』（寺門静軒《てらかどせいけん》著　朝倉治彦・安藤菊二校注　平凡社東洋文庫）には「狐・兎《うさぎ》・水狗・毛狗・子路・九尾羊」とある。水狗はニホンカワウソ、毛狗はニホンオオカミ、子路は熊、九尾羊はニホンカモシカのこと。ニホンカワウソやニホンオオカミは絶滅してしまったから、もはや現代の私たちが味わうことのできぬ肉である。

それにしても、江戸っ子は、なんともバラエティーに富んだ肉を食べていたものだ。ただ、牛については馬と同様、農耕用の動物として大切に扱われ、たとえ死んだとしても食べなかった。また、豚については排泄物《はいせつ》を食べるということもあって、穢《けが》れた畜生《ちくしょう》としてやはり食用にはしなかった。

だが幕府が開国すると、牛肉や豚肉をよく食べる外国人が来航し、幕府に対して盛んに牛や牛肉の提供を求めるようになった。

今回は、開港場となった箱館《はこだて》の例を紹介しよう。


箱館を統轄《とうかつ》する箱館奉行《ぶぎょう》所は当初、外国船への牛肉の提供を拒んでいた。しかし、フランスのシビル号やイギリスのウィンチェスター号の船長は、「和親条約で外国船が必要な食糧は日本側が提供するとある。それに長崎出島《でじま》のオランダ商館では、牛の飼育が認められているというではないか。我々の船内では牛肉の不足によって病人が続出してしまっており、病人の薬用のためにもぜひとも牛肉を給与していただきたい」と再三にわたり箱館奉行所へ要求してきた。

そこで箱館奉行は安政《あんせい》二年（一八五五）七月、「箱館近郊に牛の飼育場を設け、彼らに牛肉を提供したい」と江戸の幕閣に申し入れをおこなった。「そうしないと外国人たちは、人と牛の命の軽重を持ち出し、自分たちで勝手に牛を持ち込んで、箱館郊外の土地を租借《そしゃく》して飼育を始めてしまうだろう」という意見を付託した。

ところが幕閣内では、「生牛ではなく、老牛や斃牛《へいぎゅう》（死んだ牛）の味噌漬けや塩漬け肉でよい」という意見が強く、なかなか箱館奉行所に許可を与えようとしなかった。牛を殺すという行為に抵抗を感じたようだ。実際、牛や豚を食用としない当時の日本人にとって、これを殺す現場は衝撃的だった。

たとえば画家で国学者の平尾魯仙《ひらおろせん》は箱館を訪れ、その場面を次のように描写している。

「牛を殺すに偃刀《なぎなた》（中国の偃月刀《えんげつとう》）のごとき刃の広き刀を薬水に浸《ひた》し、咽喉《のんど》管の辺り一尺計截《ばかりきっ》て追放《おいはな》しに、切苦悩乱して狂ひ廻り、しばし猛《たけ》つて血中に斃《たお》るゝを、又刀に薬水を塗り、もとの疵《きず》口を深く裂き、四、五人蒐《あつまり》て揺り動すに、血は流て坐中に溢《あふ》れ、牛は再び起発《たちあがっ》て徒倚《よろほ》ひ呻《う》喚《な》り、漸々《ようよう》弱りて倒るゝを其まゝ皮を剝《は》ぎ取るに、頭面四足まで少しも渋ることなく、宛尓《あたかも》服を脱がごとしと。爾《しか》して腹を截割《きりわり》て腸胃引き棄《すて》、肉を批《へぐ》と雖《いえども》、未だ生《せい》有て四脚を動かし呟《うめく》と云《いえ》り。実に苛刻無慙《かこくむざん》の所業と云《いう》べし」（『箱館夷人談』（『函館市史史料編　第一巻』所収）

目を背《そむ》けたくなるようなおぞましい光景だったことがわかる。

また魯仙は、こんな話も紹介している。

あるアメリカ船が箱館から立ち去るさい、買物方の扱役山田屋某に大変世話になったので、謝礼だとしてアメリカ人から、象肉の塩漬二桶（四斗入。一斗は約一五キロ）、豚肉の塩漬五樽、パン（二斗）を贈呈された。象の肉は「潔白のものにて、片肉の大さ一、二尺にて厚さ八、九寸も有よし、匂ひは更になきなり」（『前掲書』カッコ内は筆者が補足）、ところが豚肉は「匂ひ甚《はなはだ》あしく、外物に移りて堪《たえ》がた」かったという。

さらに魯仙は、「牛の匂ひなど腥膻《なまくさく》して齅《かぐ》に耐ざるに、渠《かれ》（外国人）等芬芳《らこうばし》（よい香り）として此《この》香には涎《よだれ》を流せるとなり」（『前掲書』）とある。このように当時の箱館の人々は、なぜ外国人たちが生臭くて耐えがたい臭気を発する牛肉や豚肉というものをいい香りだと感じ、喜んで食べたがるのか、まったく理解できなかったようだ。

とはいえ、列強諸国と結んだ和親条約は、外国人に食糧を提供する決まりになっている。いくら当時の日本人が牛や豚を殺すことに抵抗を感じていたといっても、国内には多くの牛が飼育されているわけだから、提供しないわけにはいかない。現場にいる箱館奉行が、それを最も強く実感していた。

そこで奉行の竹内清太郎《たけのうちせいたろう》は、同年十一月、なかなか決断を下せない幕閣に対し、再度上書を送り、そのなかで「生牛は西洋人にとって必需品であり、異国との交際を許したのだから、これまでのようなやり方を通すことができないのは当然のこと。ぜひともすみやかに決定してほしい」と、かなり批判的な表現を用いて決断を迫っている。こんなささいなことも認めようとしない幕閣の保守的資質に、かなり頭に来ていたようだ。

しかしながら、幕府はいったん許可を出したものの、ふたたび撤回したりするなど、はっきりとした態度を示さなかったため、その後も箱館奉行は何度も江戸へ上書を送って説得につとめ、ようやく安政三年（一八五六）七月に至り、箱館に限って、かつ、イギリスに対してのみ、生牛の供給を認めるという返答を得たのである。

ただ、ほかの国に認めないというのもおかしな話で、やがて九月になると、その適用範囲はアメリカとロシア、フランスにも拡大されたのだった。

しかしながらこの牛肉問題に関しては、幕閣の抵抗が強く、この意を受けて箱館奉行も強く求められないかぎり、牛肉を提供しなかった。そのため安政四年四月に箱館に着任した米国の外交官ライスは、しつこく箱館奉行所に牛の提供を要求するとともに、肉牛の飼育を求め、ようやく安政五年、箱館奉行所は南部藩から牛五十頭を買い入れ、外国人に食肉を提供するため牧場を開いたのだった。

ライスは奉行所の役人たちの理解を得るため、たびたび牛肉を彼らに食べさせるという涙ぐましい努力をおこなっている。

なお、横浜や江戸などの外国人居留地には、外国人のための肉料理屋が開かれた。こうして日本人にとって牛肉や豚肉料理が見慣れた存在になった頃、明治維新がおこったわけで、明治時代になると、文明開化の風潮に伴いあちこちに牛鍋屋が登場したというわけだ。明治政府は欧化政策もあって、獣肉食を奨励しており、明治五年（一八七二）一月には明治天皇みずからに獣肉を食べるパフォーマンスをしてもらっている。この行為は話題になり、新聞に記事として掲載された。ただ、明治以降、日本人の間に急速に獣肉食が広まったのは、こうした政府の奨励というよりも、いま見てきたように、すでに江戸時代から多くの日本人が薬喰《くすりぐ》いなどと称し、獣肉食を楽しんでいたからなのである。

3　徳川御三家は、将軍を補佐し、徳川宗家を存続させるためにつくられた

徳川御三家《とくがわごさんけ》は、すべての日本史の教科書に載る重要な歴史用語である。関ヶ原の戦い後に生まれた家康《いえやす》の息子三人を独立させてつくった新たな大名家をそう呼ぶ。具体的には九男義直《よしなお》の尾張《おわり》藩、十男頼宣《よりのぶ》の紀州《きしゅう》（紀伊《きい》）藩、十一男頼房《よりふさ》の水戸《みと》藩をい

う。御三家は将軍を補佐し、徳川宗家が絶えたさい将軍を継ぐ特別な家であり、他大名に比べて位階や家格が高く、多くの特権が与えられた。そう学校で教わったはず。実際、八代吉宗《よしむね》と十四代家茂《いえもち》は紀州藩から出ている。

だが、そうした体制がつくられるのは五代将軍綱吉《つなよし》あたりからで、将軍家と御三家の間にはさまざまな問題が起こっているのだ。今回はその例を一つ紹介しよう。

寛永《かんえい》十一年（一六三四）六月、三代将軍家光《いえみつ》は江戸城を発して京都へと向かった。供奉《ぐぶ》する人数はなんと三十万七千人。驚くべき、空前の大行列だった。

二年前に大御所《おおごしょ》（前将軍）の父秀忠《ひでただ》が歿した。これによってようやく家光は名実ともに権力を手中におさめた。以後、積極的に幕府の諸制度の整備を進め、幕藩体制の確立に大きな功績をあげた。この上洛は、こうして政権を安定させた家光の、己の権力を誇示する大パレードだったのである。

二か月間の滞京中、家光はその大人数で朝廷を威圧するとともに、朝廷の領地を加増し、公家たちに金銀をばらまくといった懐柔策で朝幕関係の安定をはかった。

八月はじめ、家光は京都二条城を発《た》って江戸へと向かった。途中、名古屋城（尾張藩主の居城）へ立ち寄る予定であったが、近江《おうみ》国佐和山《さわやま》城（現在の滋賀県彦根市）まで来たとき、にわかにコースを変更し、名古屋城へは寄らずに熱田《あつた》で一泊し、そのまま江戸へ向かってしまった。

というのは「尾張藩祖の徳川義直が、将軍家光の暗殺を企《たくら》んでいる」という噂を耳にしたからだという。だから万が一のことを警戒して家光は名古屋城へ入るのを避けたのだといわれる。

ただし、上洛するさいの往路では、ちゃんと家光は名古屋城に立ち寄っている。

京へ向かうため、六月二十日に江戸城を発った家光は、神奈川宿《しゅく》、藤沢宿、小田原宿、蒲原《かんばら》宿、駿府《すんぷ》城、掛川城、浜松城と泊を重ね、七月二日に吉田城（現在の愛知県豊橋市）に入った。この夜、家光のもとには、義直が名古屋から遣《つか》わした迎えの使者、尾張藩家老の竹腰正信《たけこしまさのぶ》が参上した。二日後、竹腰らの先導を受けて家光は名古屋城に入っている。

城内では義直から盛大な歓待を受け、「なごや（奈良屋の誤記）貞宗《さだむね》」の脇差、「二字国俊《くにとし》の刀」を献上された。

喜んだ家光も「貞宗の刀」と「国次《くにつぐ》の脇差」、さらに銀千枚、時服《じふく》二百を与えた。翌日も家光は名古屋城に泊まった。朝、義直がみずから家光を迎えに来て二の丸で饗応《きょうおう》し、神《しん》君《くん》家康直筆の兵法一巻に銃五挺を添えて家光に献上した。

義直は、家光が上洛の往復に名古屋に立ち寄るというので、大金をはたいて名古屋城内に御殿（上洛殿）を一年かけて建造していたのである。

なお、往路で名古屋に立ち寄った家光は、義直と和気藹々《あいあい》の一時を過ごしたように見える。だが、あくまでそれは表面上のことだった。じつはその裏で、とんでもないことが起こっていたのである。

往路においても家光が吉田城に着いたとき、義直に関するよくない噂が流れてきたのだ。そこで名古屋に赴《おもむ》くのを躊躇《ちゅうちょ》し、家光は信頼する水戸藩祖・徳川頼房（義直の異母弟）を呼び寄せ、名古屋へ先発させて様子を探らせたのである。結局、心配ないという報告が頼房から入ったので、家光は名古屋入りしたというわけだ。

ところが復路で、またも同じ風説を耳にした。このため家光は、名古屋城へは入らず、熱田で泊まってそのまま江戸へ向かってしまったというわけ。ただし、この話は一次史料（当時の日記や手紙、公文書）で確認できるわけではなく、あくまでも巷説《こうせつ》に過ぎない。

とはいえ、江戸幕府の正史たる『徳川実紀』（吉川弘文館）を参考に、京都への往復で家光が泊まった場所を追っていくと、いくつか宿泊場所を変えたものの、名古屋以東ではすべて同じ場所に泊まっているではないか。そうなると、確かにきな臭い気がする。

では、本当に義直は名古屋城で家光を殺そうとしたのか。

私はさすがにそんなことはないと思う。ただ、火のないところに煙は立たない。その煙りについて、著者の推測を交えて、これから解説していこう。


じつは家光と義直とは、その前年以来、解けない確執をかかえていた。

寛永十年（一六三三）十一月、家光は重病に陥《おちい》った。「もはや臨終も間近」そんな情報が、名古屋城にも届いた。驚いた義直は、ただちに駕籠《かご》を仕立てて江戸へと急いだ。しかし小田原まで来たとき、家光の病状が快癒へ向かっているとの報を得たので、スピードをゆるめて江戸へ入り、尾張藩邸で草鞋《わらじ》をといたのだった。

ところが、である。

まもなく家光の命を受けた酒井《さかい》忠勝《ただかつ》が尾張藩邸に乗り込んできて、「なぜ命令もないのに勝手に参府したのか」と詰問してきた、そう伝えられる。

そこには、「叔父であり、徳川御三家筆頭の地位にあるといえども、あくまであなたは将軍の家臣なのだ」という将軍家光の強い主張が、見え隠れしていた。

義直は、この難詰に怒りをあらわにし、

「私は将軍家光公が危篤《きとく》だと聞いた。将軍にはいまだに嗣子《しし》（跡継ぎ）がない。もし万が一のことがあれば、誰が天下の政治をとるのか。徳川一族のなかで最も長じているのはこの自分である。だから江戸へはせ参じて国政を見ようとしたまでのこと。まったく他意はない」

と反駁《はんばく》したのである。

確かに、義直の言うとおりだった。

三十歳に達してもなお、家光には男児が生まれなかった。なおかつ、家光の実弟忠長《ただなが》は、家光の怒りに触れて領地を没収され、すでに幽閉されてしまっている。異母弟保科正之《ほしなまさゆき》は、最後まで父の秀忠に認知されなかったので、四年前に家光と対面を遂《と》げたとはいえ、将軍になるのは不可能だ。

つまり、もし家光が死歿すれば、将軍職を相続するのは尾張義直をおいてほかにいない。叔父といっても、義直は家光の四歳年上に過ぎない。しかも義直は、家康とともに大坂の役に参陣している。豊臣家を滅ぼした現場にいたのである。さらに、名古屋城は多くの西国大名を動員し、家康が天下普請《てんかぶしん》でつくらせた究極の徳川防衛拠点だ。「そんな東海道の要衝《ようしょう》を父の家康が自分に任せてくれた。私が徳川の安泰を守っているのだ」という自負心もあったことだろう。

いずれせよ、義直の主張は筋が通っていた。だからこのときは家光のほうが折れた。しかしこの出来事を機に、家光を含め幕閣たちには「義直には、野心がある」という警戒心が、芽ばえたようだ。

いずれにせよ、家光は復路、名古屋への立ち寄りをドタキャンした。すると腹を立てた義直は、江戸への参勤を渋るようになったのである。

そこで紀州藩祖徳川頼宣（義直の異母弟）が参勤の途中に名古屋城に立ち寄って、義直と会見し「ぜひ参勤したほうがよい」と勧めた。すると義直は、「このような疑いを受けて参勤してもつまらない。この城は父・家康公からいただいたもの。家光が私をとがめるというなら、この城を枕に戦い、腹を切る覚悟だ！」と謀心《ぼうしん》を漏らしたのだ。

この逸話は『義公遺事《ぎこういじ》』に掲載されている。徳川光圀《みつくに》の逸事をまとめた書だ。著者の中《なか》村篁渓《むらこうけい》は水戸藩の儒者で、光圀に近侍していた。だからこの話も、光圀が篁渓に語ったものだろう。光圀は義直を敬愛していたので、当人から直接話を聞いた可能性が高い。

なお、義直の気持ちを聞いた頼宣は、「あなたが江戸に行かないと、我々もここを動けません。ともに江戸へ参りましょう」と強く説得したため、ようやく義直も参勤に同意した。

こうして義直は江戸で家光と対面したが、そのおり家光は、「尾張殿が遅参するという噂を耳にしていたのだが、予定通り到着してなによりだ。もしも参勤が延引するようなら、私が直々に藩領までお迎えに参ろうと思っていたところだ」と述べた。

いうまでもなくこれは強烈な嫌味であり、「自分に逆らえば名古屋を包囲して城を攻め潰してくれるぞ」といった恫喝《どうかつ》を多分に含んだ言葉であった。

ともあれ表面上は、義直と家光の関係は平穏に戻ったように見えたが、家光のドタキャンの件も含め、じつはその後もたびたび水面下でのつばぜり合いが起こっている。

たとえば、山王社《さんのう》初詣《はつもうで》事件がその一つだ。

寛永十九年二月。将軍家光の嫡男家綱《ちゃくなんいえつな》が初めて山王社に参詣《さんけい》することになった。家光は御三家に対し「家綱に供奉せよ」との命令を出した。この意向を老中の松平信綱《まつだいらのぶつな》が義直に伝えると、彼は「大納言《だいなごん》の私が、なぜ無官の幼児（家綱）に供奉せねばならぬのだ」と拒否したのである。慌《あわ》てた信綱が「無官とはいえ、家綱様は将軍の嫡子です」と答えると、義直は「それを言うなら私は神君家康公の子だ」と切り返したという。

困った信綱が「そこを曲げて、将軍のために供奉していただきたい」と哀願。しかし義直は「ならば、なおさらできぬ。先例にないことを強行するのは将軍家のためにならぬ」と反駁したので、さすがの信綱もすごすごと引き下がった。結局、初詣の件は、御三家が一足先に山王社に到着し、あとから来た家綱を社前で出迎えることで折り合いがついた。

慶安三年（一六五〇）五月、義直は五十一歳で死歿した。臨終のさい、将軍家光が尾張藩邸に見舞いに来るという噂が流れた。義直は喜んで枕元に肩衣《かたぎぬ》（裃《かみしも》の上衣）を用意し、来臨のさいは苦しくても正装で家光に拝謁《はいえつ》しようと待っていた。が、ついに家光は現れなかったのである。死に至るまで、両者の確執は解けることがなかったようだ。

ところで、徳川義直は儒学に秀で、多くの書物を著したり編んだりしているが、そのなかの一冊『軍書合鑑《ぐんしょごうかん》』の巻末に、「王命に依《よ》って催《もよお》さる丶事」という謎の言葉を記している。「王命」とは天皇の命令。つまり「日本は、天皇の命によって運営されるべきだ」という意味に解釈できる。

儒学には、「尊王斥覇《そんのうせきは》」という考え方がある。王を尊び、覇者を排除するという思想だ。

江戸幕府は、天皇から徳川家の当主が征夷《せいい》大将軍に任命され、政治を一任されているという建前に立っているが、実態は徳川家康が武力で誕生させた軍事政権である。「尊王斥覇」論を当てはめるなら、王は天皇、覇者は徳川氏ということになる。

義直は儒学を学ぶなかで尊王論に傾倒し、幕府（徳川政権）を邪道と考えるに至ったのではなかろうか。だから家光が大軍を率いて朝廷を威圧するという行為についても、嫌悪感を感じたはず。さらに家光との対立が高じるなかで、ますます義直は「王命に依って催さる丶事」という気持ちを強くしていったのではなかろうか。

そんな義直を敬愛したのが、徳川光圀であった。

光圀は義直と親しく接するうちに、彼の尊王論に影響を受け、『大日本史《だいにほんし》』の編纂を開始する。編纂事業は水戸藩で二百年以上にわたって続くが、そうしたなかで藩内では尊王論が強まり、江戸後期に攘夷《じょうい》論と結びついて尊王攘夷論（天皇を敬い、外国勢力を排除しようとする思想）が生まれる。この思想は、水戸に滞在した吉田松陰《よしだしょういん》によって長州《ちょうしゅう》藩へ持ち込まれ、幕末、長州藩士らの過激な尊攘運動によって幕府政権は動揺を来たし、ついには瓦解して、「王命に依って催さる丶事」が実現することになったのである。

4　坂本龍馬は薩摩藩士で、薩長同盟を仲介していなかった？

拙著『逆転した日本史』でも述べたが、私が学校の先生になったのは、TBS系のドラマ『3年B組金八先生』を見て感激したからだ。主人公の金八先生は悩みを坂本龍馬《さかもとりょうま》の写真に向かって相談していたから、高校時代、司馬遼太郎氏の『竜馬がゆく』（文藝春秋）全八巻を読んだ。これに感動した私は、大学で坂本龍馬を研究し、将来は日本史の先生になろうと決意した。

だから平成二十九年（二〇一七）十一月、「高大連携歴史教育研究会」（大学と高校の教員でつくる研究会。当時の会長は油井大三郎東京大名誉教授）が、日本史教科書の歴史用語を大幅に精選すべきだとして、坂本龍馬を削減候補に入れてプレス発表したと聞き驚きを覚えた。高大連携歴史教育研究会の会員には、多数の教科書執筆者や日本学術会議の関係者もおり、当然、文科省の学習指導要領や教科書にも影響してくると思ったからだ。

さらに同調して、「坂本龍馬は司馬遼太郎の『竜馬がゆく』で有名になったのであり、昔は教科書に載っていなかった」とデマを流すテレビ局まで登場してきた。

そこで私もメディアなどで、「龍馬は戦前の国定教科書にも掲載されていたうえ、戦後も『竜馬がゆく』でブレイクする前から薩長《さっちょう》同盟の功績は教科書に明記されている」と反論したのである。

私のような龍馬ファンは多く、この削減案には反発が殺到、研究会は平成三十年三月、用語の選定基準を修正し、坂本龍馬を教科書の用語に残す方針としている。そして、新しく学習指導要領が改訂され、これにもとづいて文科省の教科書検定を発した中学校歴史教科書が令和三年（二〇二一）から発行されたが、管見のかぎり、すべての教科書に坂本龍馬が登場する。「めでたし、めでたし」である。

坂本龍馬（国立国会図書館所蔵）

ただ、それにしてもなぜ有名な研究者や教員が多く所属する高大連携歴史教育研究会は、坂本龍馬を教科書から削除しようと考えたのだろうか。龍馬といえば、薩長同盟を仲介し、土佐藩《とさ》に船中八策《せんちゅうはっさく》という新政府構想を提示し、大政奉還《たいせいほうかん》を実現させた偉大な人物である。おそらくみなさんも大いに疑問に思うだろう。

じつは近年、坂本龍馬の業績に疑問符をつけるような研究や著書が次々と発表されており、そうした影響が大きいのではないかと思っている。

たとえば、その一つである薩長同盟。教科書では、こう説明している。

「1866（慶応《けいおう》2）年には、土佐藩出身の坂本龍馬・中岡慎太郎《なかおかしんたろう》らの仲介で薩摩《さつま》藩は長州《ちょうしゅう》藩と軍事同盟の密約を結び（薩長連合、または薩長同盟）、反幕府の態度を固めた」（『詳説日本史B』山川出版社　二〇一八年）

この山川出版社の昭和六十三年（一九八八）の教科書の記述も見てみよう。

「1866（慶応2）年には、土佐藩の坂本竜馬・中岡慎太郎らの仲介で薩摩藩は長州藩と軍事同盟の密約をむすび（薩長連合）、反幕府の態度をかためた」（『新詳説日本史』）

驚くことに二十年間経っても、ほぼ文言が変わっていないことがわかるだろう。

ところでこの薩長同盟は、倒幕のための軍事同盟だと思われてきたが、一九九〇年代後半から家近良樹氏が一会桑《いちかいそう》政権という概念を提示し、薩長同盟もそれまでとは異なる見解を主張するようになった。

まず一会桑政権についてだが、朝廷は一時、長州藩が牛耳《ぎゅうじ》っていたが、八・一八の政変で失脚すると、孝明《こうめい》天皇は一橋慶喜《ひとつばしよしのぶ》を深く信任して禁裏《きんり》御守衛《ごしゅえい》総督に任命。慶喜は畿内《きない》に留まって京都守護職《きょうとしゅごしょく》の松平容保《まつだいらかたもり》（会津《あいづ》藩主）、京都所司代《しょしだい》の桑名《くわな》藩主松平定敬《まつだいらさだあき》とともに、京都で大きな政治力をふるうようになる。家近氏は、これを一会桑（一橋家、会津藩、桑名藩）政権と呼んだのである。この政権（権力）は公武《こうぶ》（朝廷と幕府）合体《がったい》を標榜《ひょうぼう》し、幕府の保守派とは一線を画《かく》していたが、性格的には親幕府政権であったとする。

さらに家近氏は、薩長同盟の条文の一つに、「決戦に及」ぶとあるが、戦う相手は幕府ではなく、京都の一会桑政権だと断じたのである。その一文を紹介しよう。

「一、兵士をも上国《じょうこく》の上、橋会桑等も只今のごとき次第にて、勿体《もったい》なくも朝廷を擁《よう》し奉《たてまつ》り、正義を抗《こば》み周旋尽力《しゅうせんじんりょく》の道を相遮《あいさえぎ》り候《そうろう》ときは、ついに決戦に及び候ほか、之《これ》無きとの事」

確かにそう読み解けるだろう。つまり薩長同盟は、江戸の幕府を倒すという軍事密約ではないというわけだ。薩長が軍事力を用いて幕府を倒そうと考えるのは鳥羽《とば》・伏見《ふしみ》の戦いの直前だと家近氏は主張する。

なお、薩長同盟の六か条を概観すると、幕府が長州に征討《せいとう》軍を派遣した場合、薩摩藩は京坂に兵を大増員し、その圧力をもって長州藩の免罪に尽力するといった薩摩藩の義務ばかりが列記されている。対等な同盟というより、薩摩藩が一方的に長州藩の支援を約束する内容になっていることがわかる。

もう一つ、新説を紹介しよう。

高橋秀直氏は、薩長同盟は通説の慶応二年（一八六六）一月ではなく、前年の慶応元年九月の時点で成立していたと主張する。高橋氏の論文「薩長同盟の展開―六ヶ条盟約の成立」（京都大学文学部内史学研究会編『史林　八十八号』所収）を参考に、その主張を解説していこう。

慶応元年七月、薩摩藩家老の小松帯刀《こまつたてわき》が長崎で長州藩の井上馨《いのうえかおる》、伊藤博文《いとうひろぶみ》と会見した。このとき小松は藩家老として「薩摩は長州のためにあらゆる手段で尽力する」と約束、薩長提携の申し入れをおこなった。これを受けて同年九月、長州藩主の毛利敬親《もうりたかちか》と世嗣《せいし》（跡継ぎ）の毛利定広《さだひろ》（元徳《もとのり》）父子は、薩摩藩の国父島津久光《しまづひさみつ》と藩主の島津茂久《もちひさ》（忠義《ただよし》）に親書を送り、小松の申し入れを受けて薩摩に尽力を依頼したのである。このように、長州藩主の名をもって薩摩藩主に対して正式に提携を依頼をしているわけで、これをもって薩長同盟が成立したと考えるべきだというのである。では、私たちが俗に薩長同盟と呼んでいる慶応二年一月の盟約については、どう解釈すればよいのか？

高橋氏はこれを「六ヶ条盟約」と呼び、「これまでのように同盟関係の成立としてではなく、すでに成立している同盟関係がどのように展開したのか、その展開過程の一段階として検討されなければならない」と論じる。この「六ヶ条盟約」は、木戸孝允《きどたかよし》（桂小五郎《かつらこごろう》）が京都の小松帯刀の屋敷に来て、西郷隆盛《さいごうたかもり》、小松、大久保利通《おおくぼとしみち》ら薩摩の重鎮たちと議論した結果、決定されたもの。

このとき木戸は、幕府は長州藩主が謝罪しなければ征討を断行すると決定したが、長州はこれを拒否すると明言。結果、長州藩が幕府と戦争になったとき、薩摩藩はどこまで協力してくれるのかを話し合い、最終的に薩摩は幕府との戦争を覚悟して全面的に長州をバックアップすると約したのが「六ヶ条盟約」だというのだ。

なお、高橋氏は家近氏と異なり、戦う相手については「一会桑・幕府をもふくめた全体としての徳川勢力となる」という見解を示している。

最後にもう一説、ご紹介しよう。町田明広氏の見解である。

町田氏の論文「慶応期政局における薩摩藩の動向―薩長同盟を中心として」（神田外語

大学日本研究所編『神田外語大学日本研究所紀要　第九号』所収）と、著書『新説　坂本龍馬』（集英社インターナショナル新書）を参考に、簡単にその主張を紹介しよう。

慶応二年一月八日に薩摩の黒田清隆《くろだきよたか》に先導されて長州の木戸孝允は京都にやってくる。これは黒田の独断行動で、京都にいる薩摩藩の重臣たちはその対応に苦慮したが、やがて家老の小松帯刀邸で、交渉がおこなわれた。当時、幕府は長州藩主が謝罪し、罪を受け入れなければ征伐すると主張しており、これに対して小松や西郷は、木戸に処分の受け入れを勧めるが、木戸は断固拒否し、逆に薩摩藩に全面的な協力を求めた。これについてはすでに先述のとおりだ。

なお、話し合いは妥結《だけつ》して一月二十一日に薩長同盟は成立したといわれているが、町田氏はこの説を否定する。すでに十八日には例の「六ヶ条」のアウトラインは成立していたとする。つまり、龍馬が仲介して同盟が進展したわけではなく、基本的に木戸が孤軍奮闘して成立に至らしめたものだというのである。

ただ、口約束では反故《ほご》にされるかもしれないし、長州の同志たちにも信用されない。困っていると、ちょうど龍馬がやってきたので、木戸は手紙に「六ヶ条」の条文をしたため、龍馬に裏書きを求めたとする。つまり、龍馬を政治的に利用したのだという。また、これは同盟ではなく、覚書《おぼえがき》程度のものであるとして、町田氏は薩長同盟を「小松・木戸覚書」と呼ぶ。

さらに、そもそも龍馬が木戸と西郷の間を仲介して薩長同盟を成し遂《と》げたとする一次史料は存在せず、すべては明治以降の創作に過ぎないと断じたのである。

さて、町田氏は龍馬について、これまでは自由な浪人として活躍したといわれてきたが、龍馬は完全な薩摩藩士として薩摩の命令で行動していたと論じている。

これを読んで愕然《がくぜん》としている龍馬ファンも多いと思うが、ただ、だからといって龍馬の役割を町田氏は軽視しているわけではないようだ。

「龍馬は「薩摩藩士」として、長州藩およびそれに付随する情報を薩摩藩要路に伝える重要な役割を継続して果たしており、長州藩にとっても、薩摩藩を頼る状況下では、きわめて貴重なパイプ役であった。薩長間の連携は、間違いなく龍馬を核にして推進されていた。この直後の京都における小松帯刀と木戸孝允の歴史的な会談は、こうして龍馬によって下地が作られていたのだ」(『新説 坂本龍馬』)と述べているからだ。

また薩長同盟についても、「確かに、「小松・木戸覚書」の作成そのものに龍馬の活躍は見られないが、それが本物であることのお墨付きを長州藩に与える大きな役割を演じた。そもそも、薩長融和は前年に龍馬が三度、長州藩に薩摩藩士として派遣されたことから始まっており、その事実なくして「小松・木戸覚書」はあり得ない。龍馬の功績が色褪《あ》せることはなく、むしろネゴシエーターとしてさらなる評価を与えるべきであろう」(『前掲書』)と評価している。

とはいえ、龍馬が薩長の間を駆け回り、最後は木戸と西郷を叱咤《しった》し、薩長同盟を結ばせたという印象とはほど遠く、これが事実なら坂本龍馬のイメージは大きく崩れてしまう。では、龍馬の業績とされる大政奉還については、どうなのだろうか？

じつは、こちらのほうも驚くような新説が登場しているのである。

5　坂本龍馬が新政府構想「船中八策」をつくったというのはフェイクニュース？

前項では、薩長《さっちょう》同盟は倒幕のための秘密の軍事同盟がどうか怪しいうえ、坂本龍馬《さかもとりょうま》はこれにほとんど関与していなかった。そもそも薩長同盟は通説より一年前に成立していたというガッカリするような新説を紹介した。

では、龍馬のもう一つの大きな業績、そう、大政奉還《たいせいほうかん》についてはどうだろう。

大政奉還とは、慶応《けいおう》三年（一八六七）十月に最後の将軍慶喜《よしのぶ》が平和的に幕府の政権を朝廷に返還したことを指す。この策を幕府に勧めたのは、土佐《とさ》藩の後藤象二郎《ごとうしょうじろう》である。なお、象二郎は坂本龍馬からこの策を教えられた。そのさい龍馬は「船中八策《せんちゅうはっさく》」という新政権構想を同志の長岡謙吉《ながおかけんきち》に書かせて、後藤に提示したとされる。後藤は大いに喜び、前土佐藩主の山内容堂《やまうちようどう》（豊信《とよしげ》）の許可を得、倒幕派の薩摩《さつま》藩の了解を取りつけたうえで、将軍慶喜の側近たちに大政奉還を受け入れるよう猛烈に政治工作を展開したとされる。

では、現在の教科書では、どのように記されているのだろう。以下、紹介しよう。

「土佐藩はあくまで公武合体《こうぶがったい》の立場をとり、藩士の後藤象二郎と坂本龍馬とが前藩主の山内豊信（容堂）を通して将軍徳川慶喜に、倒幕派の機先を制して政権の返還を勧めた」（『詳説日本史B』山川出版社　二〇一八年）

「天皇を頂点とする公議政体《こうぎせいたい》の平和的樹立をめざしていた土佐藩の後藤象二郎は、慶喜に自主的に政権を朝廷に奉還させるという大政奉還論を考え、前藩主山内豊信（容堂）の承認を得たうえで、これを慶喜に建白《けんぱく》した」（『日本史B　新訂版』実教出版　二〇一八年）

さらに「大政奉還論」の補足として脚注で「後藤のこの考えは、坂本龍馬の「船中八策」（慶喜に政権を奉還させたうえで、国会を中心とする新政体を樹立しようとする政策論）に影響されたものであった」（『前掲書』）と明記されている。

これを見るかぎり、教科書の記述は、私たちのイメージする大政奉還の歴史と変わらない。ところがここ数年、大政奉還に関しても、驚くべき新説が登場してきているのだ。

とくに衝撃なのは、知野文哉氏の説である。

「坂本龍馬は船中八策という文書は作成しておらず、船中八策は明治以降の龍馬の伝記のなかでしだいに形成されていったフィクションである」（『「坂本龍馬」の誕生─船中八策と坂崎《さかざき》紫瀾《しらん》』人文書院）

龍馬ファンなら船中八策（新政府構想）は周知のことと思うが、知らない方のために全文を意訳して紹介しよう。

一、天下ノ政権ヲ朝廷ニ奉還セシメ、政令宜《よろ》シク朝廷ヨリ出ヅベキ事。（幕府の政権を朝廷に奉還し、政令は朝廷から出るようにすること）

一、上下議政局ヲ設ケ、議員ヲ置キテ万機《ばんき》ヲ参賛セシメ、万機宜シク公議ニ決スベキ事。

（上下の議会を設け、議員を置いて政治に参加させ、政治は衆議で決めること）
一、有材ノ公卿《くぎょう》諸侯及ビ天下ノ人材ヲ顧問ニ備ヘ官爵《かんしゃく》ヲ賜《たま》ヒ、宜シク従来有名無実ノ官ヲ除クベキ事。（有能な公家や大名、一般人を政府に登用して官爵を与え、有名無実な官職は廃止すること）
一、外国ノ交際広ク公議ヲ採リ、新ニ至当ノ規約ヲ立ツベキ事。（外交については広く議論し、新たに適切な外交条約を結ぶこと）
一、古来ノ律令ヲ折衷《せっちゅう》シ、新ニ無窮《むきゅう》ノ大典ヲ撰定スベキ事。（これまでの法律をいろいろ取捨選択して、新たに国家の憲法を制定すること）
一、海軍宜《よろ》シク拡張スベキ事。（日本の海軍を拡大すること）
一、御親兵《ごしんぺい》ヲ置キ、帝都ヲ守衛セシムベキ事。（朝廷新政府の直属軍を創設し、首都を防衛させること）
一、金銀物価宜シク外国ト平均ノ法ヲ設《もう》クベキ事。（金銀のレートや物価に関し、日本が列国との間で不利にならないようにすること）
以上八策ハ方今《ほうこん》天下ノ形勢ヲ察シ、之ヲ宇内《うだい》万国ニ徴《ちょう》スルニ、之ヲ捨テ他ニ済時ノ急務アルナシ。苟《いやしく》モ此数策ヲ断行セバ、皇運ヲ挽回シ、国勢ヲ拡張シ、万国ト並行スルモ、亦《また》敢《あえ》テ難《かた》シトセズ。伏《ふし》テ願《ねがわ》クハ公明正大ノ道理ニ基《もとづ》キ、一大英断ヲ以テ天下ト更始《こうし》一新セン。
(以上、天下の形勢、各国の情勢を見るにこの八策を採用することが急務である。これが実現すれば、日本の国運は挽回・拡張され、列強諸国と肩を並べることも難しくないでしょう。ぜひ英断をもってこの案を採用し、国家を一新していただきたい)

このように船中八策には、大政奉還による朝廷政府の樹立、議会の制定と議会による政治運営、政府の人材登用、開国和親の方針、不平等条約の改正、憲法の制定、近代海軍の設置、新政府の軍事力創出といった、のちに明治政府が数十年かかって達成する道筋が、見事なまでにはっきりと示されている。

もちろん「船中八策」の一つひとつは、龍馬の独創ではない。これまで誰かがとなえてきたものだ。龍馬の八策がすばらしいと思うのは、各条が一体となって見事に調和した政権構想として完結していることである。だからこそ、後藤象二郎は龍馬の大政奉還論に乗る気になったのである。実際、龍馬のつくったこの船中八策は、明治新政府の五箇条《ごかじょう》の御誓文《ごせいもん》に影響を与えたとされ、さらに同郷の板垣退助《いたがきたいすけ》が始めた自由民権運動の理念ともなったといわれてきた。

ところが、である。

知野氏は、そんな船中八策をフィクションだと断言するのだ。詳しいことはぜひ『「坂本龍馬」の誕生』を読んでいただきたいのだが、要は坂崎紫瀾が書いた龍馬の本格的な伝記『汗血千里駒《かんけつせんりのこま》』は、龍馬を題材にして自由民権運動を広げるための政治小説であり、船中八策も坂崎らによって創作されたものだというのだ。実際、龍馬が長岡謙吉に書かせたという船中八策の原本は残っておらず、龍馬のメモなども発見されていない。

龍馬ファンにとって、薩長同盟に続いて大きなショックだが、しかし知野氏は、「「船中八策」がフィクションであるにしても、それは龍馬が後藤に対して大政奉還策を建言しなかったということではないし、「船中八策」に記された国家構想が龍馬と無関係なものであることも意味しない。極端な話、「船中八策」自体は存在しなくても、龍馬が全く同内容のプランを「口頭」で後藤に建言した可能性だってあるのである」(『前掲書』)と述べている。

事実、龍馬は大政奉還後の慶応三年十一月に「新政府綱領《こうりょう》八策」を書いており、これはほとんど船中八策と同じ内容である。しかも、龍馬の自筆だとされている。ゆえに、大政奉還前に龍馬が同じ構想を後藤象二郎に語ったとて何ら不思議はないわけだ。

いずれにせよ、ここ数年で坂本龍馬に関する驚きの新説が次々飛び出しているが、こうした新説は学界で認められ、賛同者が増えると定説として扱われ、教科書に掲載されるようになる。ちなみにいま見たように、薩長同盟も大政奉還も、平成三十年の高校の日本史教科書には新説はまったく反映されていない。

だが、令和三年（二〇二一）、新しい中学校の学習指導要領が全面的に施行された。そして、この新指導要領に沿って教科書検定がおこなわれ、四月から中学生は新しい歴史教科書で学び始めている。

そこで、中学校の新教科書には、薩長同盟や大政奉還はどのように記されているのかを確認してみよう。まずは薩長同盟だ。

「1866年、土佐藩出身の坂本龍馬などの仲介で、薩摩藩と長州藩は薩長同盟を結び、幕府と対決する姿勢を強めました」（『新しい社会　歴史』東京書籍）

「対立していた長州藩と薩摩藩は、土佐藩（高知県）の坂本龍馬らの仲立ちにより、1866年にひそかに同盟を結び（薩長同盟）、幕府を倒す（倒幕）運動へと動き出しました」（『社会科　中学生の歴史』帝国書院）

いかがだろうか。坂本龍馬が仲介して薩長同盟が結ばれたことがはっきり書かれているのだ。管見のかぎり、ほかの教科書にもすべて龍馬が登場している。

つまり、新説は数多く出てはいるが、これまでの薩長同盟の解釈はまったく変化していないのである。教科書の改定は四年に一度だから、少なくても四年間はこの記述は変わらないだろう。

では、大政奉還はどうだろうか。

「1867年、土佐藩のすすめで政権を朝廷に返し（大政奉還）、260年余り続いた幕府はほろびました」（『新しい社会　歴史』東京書籍）

おわかりのとおり、坂本龍馬の名前が見えない。やはり、新説が影響を与えたのだろうか。

いや、違うのだ。中学校の歴史教科書は、高校日本史の教科書ほど細かく書かれていないのである。だから、これ以前の教科書にも、大政奉還の箇所には、龍馬は登場してこなかった。

ただ、意外にも大政奉還とワンセットといえる船中八策については、新しい教科書にも登場するのだ。以下、紹介しよう。

『中学校社会　歴史的分野』（日本文教出版）には、「歴史を掘り下げる」という単元があり、「新しい世の中をめざした人々」と題して高杉晋作《たかすぎしんさく》とともに坂本龍馬が紹介されている。そのなかで龍馬ら海援隊《かいえんたい》が「幕藩体制とは異なる国家の姿を模索し提案するなどした政治結社でもありました。そこでは憲法を定め、議会を開設するという新しい国家構想が議論されていました。この構想は、土佐藩の大政奉還建白書に引きつがれていくこととなりました」と記され、さらに「一、上下の議院を設け、議員がすべてのことを話し合って決定するようにすること」など、船中八策の一部が紹介されているのだ。

そう、相変わらず船中八策は、龍馬がつくった新政府構想として詳しく紹介されているのだ。

同じく『中学社会　歴史　未来をひらく』（教育出版）でも、「歴史を探ろう」という単元があり、そのうち「改革や平等を求めて」というテーマで「坂本龍馬と大政奉還」と題し、「龍馬は、長崎から京都に向かう船の中で、土佐藩の後藤象二郎に「船中八策」とよばれる新しい日本の政治構想を話したといわれています」とあり、なんとそれに続けて八か条すべてを現代語訳して紹介しているのである。

このように、新しい中学校の歴史教科書には、以前とまったく変わらず、船中八策は龍馬が構想したものと記されているのである。

薩長同盟は幕府を倒すための軍事同盟ではなく、坂本龍馬は同盟に関与していなかった。龍馬の船中八策はフィクションだった。

こうした新説は、とりあえず、歴史教育の現場で生徒に教えられることはないのである。ただ、今後、こうした説が定説になれば、当然、状況は変わっていくだろう。

6 司馬作品『峠』の主人公・河井継之助が戊辰戦争で中立を目指したのは本当？

令和四年（二〇二二）、司馬遼太郎氏原作の映画『峠 最後のサムライ』が公開される。主人公の河井継之助《かわいつぎのすけ》を演じるのは役所広司さんだ。いまから公開が待ち遠しい。

何と言っても河井継之助のスゴさは、戊辰《ぼしん》戦争のさなかにあって、新政府軍にも奥羽越《おううえつ》列藩《れっぱん》同盟軍にも加担せず、越後長岡《えちごながおか》藩（現在の新潟県長岡市）をスイスのように武装中立させることを目指したところであろう。その気概に打たれ、ファンになった方も多いと思う。ただ、あくまでそれは小説のなかの話である。事実はいったいどうなのか、今回はそ

歴史好きにファンも多い河井継之助

のあたりのことを詳しく述べてみたい。

継之助が仕える長岡藩は、牧野《まきの》氏が支配する七万四千石の中規模藩で、前藩主の忠恭《ただゆき》を含め、三代にわたって老中を務めるなど、代々、幕府の重職を輩出する譜代《ふだい》の家柄だった。

継之助はそんな長岡藩士河井秋紀《あきのり》（百二十石）の長子として生まれた。頭脳明晰《めいせき》なうえ剛毅《ごうき》な性格で、たとえば、文久《ぶんきゅう》三年（一八六三）に藩主の忠恭が老中についたさい、多大な出費を要するという理由で辞職を勧め、藩の重職や親族大名と論争して譲らず、立腹した忠恭から帰国を命じられている。ただ、歯に衣《きぬ》着せぬ不敵さや、その才腕を愛した忠恭は、継之助を郡奉行《こおりぶぎょう》や町奉行へととり立て、さらには藩政改革もゆだねたのだった。

慶応《けいおう》三年（一八六七）七月、忠恭は養子の忠訓《ただくに》（二十四歳）に藩主の地位を譲ったが、それから三か月後、歴史が大きく動いた。

十月に将軍慶喜《よしのぶ》が政権を朝廷に返還（大政奉還《たいせいほうかん》）すると、十二月九日に王政復古《おうせいふっこ》の大号令が発せられ、朝廷に新政府が樹立されたのだ。しかもその夜、倒幕派は小御所《こごしょ》会議で慶喜の辞官納地《じかんのうち》（内大臣の免職と領地の返上）を決定、徳川《とくがわ》の暴発を誘うとともに、諸大名に対して上洛を命じたのである。

大名家の多くは事態を静観したが、継之助は藩主忠訓を説《と》いて急いで上方へのぼり、慶喜の拠《よ》る大坂城へ入って老中板倉勝静《いたくらかつきよ》と話し合ったうえで、藩主の名代《みょうだい》として京都へ出向き、「大政をそのまま徳川へ委任すべき」としたためた建白書を新政府に提出した。だが、この建白は、黙殺されて終わった。

それからまもなくして鳥羽《とば》・伏見《ふしみ》の戦いが始まり、旧幕府軍が大敗すると、慶喜は大坂城から江戸へ逃亡する。このため玉津橋《たまつばし》を警備していた継之助ら長岡藩兵（六十余名）も急ぎ江戸へと戻った。

今後、時勢がどう推移するかはさすがの継之助にも見通せなかったが、いまできるのは「退《ひき》テ我カ境域ヲ守リ、封土ヲ鎮《ちん》シテ民心ヲ安《やす》ンスルコト」（大橋佐平著『北越名士伝』大橋書房　明治十八年）であると判断し、人心を安定させるため早々に藩主忠訓を江戸から長岡へ帰した。その後、継之助は藩邸の家財や宝物をことごとく外国人に売り払い、得た金でありったけの新式の武器を購入して長岡へ送り、継之助自身も慶応四年三月に国元へ戻った。

同月、長岡藩は、継之助主導のもとで軍制改革を断行する。正規軍をすべて銃隊に編入し、剣や槍の稽古は廃止したのだ。改革の費用は、領内の豪農や上層農民に割り当てた御用金から支出された。また、藩士たちの不満を抑えるため、禄高の平準化が断行された。百石を規準にして禄をフラット化したのだ。家老の稲垣平助《いながきへいすけ》などは二千石をわずか五百石に減らされている。ずいぶんと思い切った改革だが、多くの下士は加増となったので士気が大いに上がったという。

さて、こうして急激に軍事力を強化した継之助だったが、冒頭で触れたように、よく彼は、戊辰戦争において長岡藩をスイスのような武装中立国にしようと構想したといわれる。というより、すでにその説が常識になっている。

だが、それを証明する一次史料（当時の日記や手紙、公文書）は、いまのところ存在しないのである。ここは、はっきりさせておきたい。

確かに、明治二十四年（一八九一）に成立した野口団一郎編『戊辰北越戦争記』には、

「勤王佐幕《きんのうさばく》は我藩の共に偏《へん》すべからざるものなり。唯今日《ただ》に於《おい》ては勤王佐幕の論外に立ち、封土を鎮撫《ちんぶ》し、十万の民を治め以《もっ》て、上は朝廷及徳川氏に対し、忠実を尽し、下諸侯たるの責を全《まっと》うするの外なし」（稲川明雄編『北越戊辰戦争史料集』新人物往来社　所収）とある。

けれど、これはあくまで二次史料（一次史料以外のもの。主に後世の史料）であり、しかも、継之助がそう告げた相手は、長岡藩に軍事協力を迫ってくる、朝敵《ちょうてき》となった会津《あいづ》や桑名《くわな》藩士の面々であった。

そんな人々に今後の情勢がわからないなかで、「わかりました。あなた方に全面的に味方いたしましょう」とは言えるはずもなく、このようなあいまいな解答をしたのだと思う。この時点で私は、継之助は軍事力を強化したうえで、長岡藩（御家《おいえ》）の安泰第一を考えて行動していこうと決意していたと思うのだ。

さて、鳥羽・伏見の戦いののち、新政府は高倉永祜《たかくらながさち》を北陸道鎮撫総督（のちの北陸道先鋒総督兼鎮撫使）とし、越後各藩に向背《こうはい》を問う勅書《ちょくしょ》を回達した。さらに三月になると、高倉は、拠点とする越後高田《たかだ》藩に越後国十一藩の重臣たちを集め、王政復古の趣旨《しゅし》を伝え、兵の供出を求めた。しかし、長岡藩はこれに即応せず、徳川慶喜への赦免《しゃめん》を求める嘆願書を提出するに留めたのである。そこで新政府は、非協力的な長岡藩に対し、出兵の代わりに三万両の献金を求めたが、長岡藩はこれにも応じなかった。

というのは、江戸から戻った河井継之助や山本帯刀《やまもとたてわき》らが、新政府への恭順《きょうじゅん》を説く家老の稲垣平助や藩校・崇徳館《そうとくかん》の教授たちを制し、藩の実権を握ったからだった。

とはいえ、私は継之助が積極的な主戦派だったとは考えていない。繰り返しになるが、御家第一を考える、どちらかといえば、佐幕寄りの慎重派というのが継之助の立場だったと思っている。

越後は大国だが、大藩が存在しない。十一の中小藩がひしめいており、幕領や他藩の飛び地も多く存在した。とくに朝敵として討伐対象となっていた会津藩は、幕府の預り地も含め、越後国に広大な領地を所有していた。だから会津藩は、良港の新潟港を押さえたり、越後各地の飛び地に兵を散開させたり、軍事拠点をつくり始めたりした。さらに、越後諸藩に、自分たちに味方するように強く迫ったのである。たとえば新発田《しばた》藩のように、半ば藩主が恐喝されるようなこともあった。

もちろん、長岡城下にも協力を求めて会津藩士たちが次々とやってきた。つまり長岡藩は、新政府だけでなく、会津藩などからも圧力をかけられていたのだ。

継之助の主導で軍備は一気に増強されたものの、長岡藩も他藩同様、それほど戦意が高いわけではない。しかし、慶応四年閏《うるう》四月下旬、高田城下に集結した新政府軍が動き出し、越後国内で反新政府諸軍（主に会津軍、衝鋒隊《しょうほうたい》、桑名軍）との軍事衝突が始まると、長岡藩も会津藩などから強く協力を求められ、とうとう同意せざるを得なくなった。四月二十六日、ここにおいて藩主牧野忠訓は、河井継之助を家老上席兼軍事総督に任じ、藩の全権をゆだねたのである。

こうして、しぶしぶ反政府方として軍事行動を開始した長岡藩だったが、翌二十七日、岩村精一郎《いわむらせいいちろう》（土佐《とさ》藩士）らが率いる先鋒隊が会津藩の拠点である小千谷《おぢや》を制圧し、同日、新政府の別働隊が柏崎《かしわざき》を占領すると、なんと態度を一変させたのである。

継之助は自藩の兵をすぐに呼び戻し、領内の警備兵さえも撤収させたのである。驚いた会津藩や桑名藩は、長岡城下に来て再出兵を促したが、継之助はその要求を断固拒否した。そうした態度がとれたのは、長岡藩が軍制を洋式歩兵軍に一変させ、最新鋭の武器を備えた強国に変貌していたからにほかならない。

おそらく継之助は、小千谷が新政府軍によってあっけなく陥落《かんらく》させられ、会津兵が長岡領内に逃げ込んでくるのを見て、新政府との戦いを回避する方針に転換したのだろう。繰り返しになるが、あくまで領内を戦火から守ること、これが継之助の第一目的であり、そのためには会津藩や桑名藩を裏切ることを辞さなかったのである。

ともあれ、継之助は藩の臨戦態勢を完全に解除したうえで、五月二日に小千谷へ出向き、慈眼寺《じげんじ》で新政府軍の軍監である岩村精一郎ら責任者たちと会談した。

このとき継之助は、

「新政府軍が長岡領内に進駐してくると、人心が動揺している折柄《おりがら》、大きな混乱を来たします。時間をいただければ藩論を統一しますので、少し待っていただきたい。また、わが藩に、新政府と会津藩との仲介の労をとらせていただきたい」

そう述べ、藩主忠訓がしたためた嘆願書を差し出した。

けれど岩村がこの嘆願をはねつけ、即時の出兵や献金を求め、会談は三十分足らずで終わってしまう。

なお、このとき継之助は岩村の袖《そで》にすがり、さらに話を聞いてもらおうとしたが、岩村はそのまま退出してしまった。こうして会談は決裂したが、それでもあきらめ切れぬ継之助は、何度も新政府の本陣に出向いて再度の交渉を願ったが、ついに聞き入れられることはなかったと伝えられる。
岩村がこんな冷酷な態度をとったのは、彼がまだ二十三歳の若者で、世間知らずの傲慢《ごうまん》な人間だったからだといわれるが、すでに越後での戦争の火蓋《ひぶた》は切られており、岩村が長岡藩に対して新政府に従うか戦うかを迫るのは至極当然のことである。

繰り返すが、すでに戦争の火蓋は切られており、岩村個人の判断でこのような態度に出たわけではなく、新政府軍の長岡藩への態度は幹部たちの総意だったと考えるべきだろう。

さて、ここにおいて継之助は、新政府への敵対を決めた。
これを知った恭順《きょうじゅん》派の藩士・三島《みしま》（川島《かわしま》）億二郎《おくじろう》は継之助に再考を求めたが、継之助は「戦《いくさ》は素《もと》より余《よ》の欲せざる所」「然《しか》れども事態今の如くむば、我藩の面目を保つに於《おい》て、戦竟《つい》に已《や》むを得ざるなり」（今泉鐸次郎著『河井継之助伝』目黒書店　昭和九年）と告げたという。これも二次史料ゆえ、史実かどうかはわからないが、最終的に継之助の強い決意によって、長岡藩は軍事行動を再開したのである。どうしてここでふたたび継之助が豹変《ひょうへん》したかは不明だが、会津藩などはその後もしばらく継之助に対する不信感を持ち続けたという。

だが、五月四日、長岡藩は前日に成立していた奥羽の列藩同盟（反新政府組織）に参加を申し入れた。こうして敵対姿勢を見せた長岡藩は、五月十日から榎峠《えのきとうげ》に陣取る新政府軍への攻撃を開始した。一方、十三日には逆に新政府軍（奇兵隊《きへいたい》が主力）が三国《みくに》街道沿いの高台・朝日山《あさひやま》へ攻めかかってきた。しかし迎え撃つ長岡藩兵や会津藩兵らは善戦し、敵軍の大将・時山直八《ときやまなおはち》を戦死させたのである。こうして榎峠・朝日山の戦いは一進一退の攻防が続くが、五月十九日、驚くべき事態が起こる。

長州《ちょうしゅう》の三好《みよし》軍太郎《ぐんたろう》率いる部隊が、霧にまぎれて信濃川《しなのがわ》を渡河し、長岡城下へ入り込み、城への奇襲攻撃をかけたのである。彼らは民家に火を放ち、長岡藩の大砲を奪取して所かまわずに砲弾を打ち込んだ。これを合図にあちこちから新政府軍がなだれ込んできた。

このとき継之助は、迫りくる敵軍に対し、大手門でみずからガトリング砲（三百六十連発の手動式機関砲）を操作して多くの敵を打ち倒したものの、主力が榎峠や朝日山にいるため、衆寡《しゅうか》敵せず、城から退却した。藩主の忠訓は家臣に命じて城の建物に火を放たせ、そのまま城から逃れた。完全に敵に隙を突かれたわけだ。うかつとしかいいようのない敗北だったが、さぞかし長岡藩兵は無念だったろう。

こうして城と城下を新政府軍に占領された長岡藩兵は、いったん城下から栃尾《とちお》郷に退いて、その後、継之助は加茂《かも》に兵を集め、戦闘態勢を整えつつ新政府軍と対峙《たいじ》した。また会津軍や桑名軍も応援に駆けつけ、同盟軍の米沢《よねざわ》藩・庄内《しょうない》藩、そして新発田藩軍も加茂一帯に着陣した。

こうして奥羽越列藩同盟軍の反撃態勢が構築されると、継之助は藩兵を率いて、新政府の本営のある今町《いま》を目指して進撃を開始。呼応して同盟諸藩軍も進軍を始め、六月二日、長岡軍は新政府軍を蹴散らして今町を占拠、翌三日には見附《みつけ》町も制圧することに成功した。同盟軍もやはり、長岡藩領へ進んで次々と各村の支配権を取り戻していった。

続いて六月十四日、同盟軍は早朝から雨を突いて総攻撃を断行。その後もたびたび激しい攻撃を展開し、新政府軍は急速に劣勢に立つようになった。

しかし、この展開に喜んでばかりはいられなかった。長岡城下における新政府軍の苦境を救うべく、新政府方の兵力が高田藩領や柏崎港などに集まり始めたのだ。

七月十五日には会津征討越後口総督の仁和寺宮嘉彰《にんなじのみやよしあき》親王が、新政府軍が占拠した柏崎に入った。このように七月になると、同盟軍は明らかに劣勢になっていった。

そうしたなか、継之助は大勝負に打って出る。緻密《ちみつ》な作戦を練り上げたうえで、奇襲によって新政府軍から長岡城を奪還し、城下から敵を駆逐《くちく》しようというのだ。かくして七月二十四日、長岡軍数百が正面から城下へと突入し、側面からは同盟軍諸藩がこの軍事行動を支援した。結果、長岡城の奪還は見事に成し遂《と》げられ、新政府軍の責任者であった山県《やまがた》有朋《ありとも》は、長岡からの撤退を余儀なくされた。

継之助は感極まって涙を流したというが、この戦いで左膝《ひざ》に銃弾を受けて骨が砕ける重傷を負い、以後、戦線で指揮がとれなくなってしまったのである。これにより、長岡軍の志気は大きく減退した。しかも悪いことに、新政府もこの膠着《こうちゃく》状態に決着をつけようと考えており、長岡方面に大軍を差し向けていた。このため二十九日になると、到着した新政府の大軍によって、あっけなく長岡城は奪い返され、長岡藩兵や同盟軍の兵士たちは長岡から離脱し、会津方面へと逃走しなくてはならなくなった。

長岡城下は、二か月にわたって、たびたび戦場になった。五月十九日の落城時に二千五百戸が焼失したといわれるが、さらにその後も戦いで多くの家が焼け落ち、ことごとく城下が焼き尽くされたといっても過言ではない。周辺の村々の被害も甚大だった。城下には一万六千人以上の武士や町人が暮らしていたが、多くが戦いのために家を失い、敗戦によって逃亡や潜伏を余儀なくされたのである。

逃亡した長岡藩士の多くは、険しい山道「八十里」（約三二〇キロ）を越えて会津若松《わかまつ》を目指したが、そのなかには怪我《けが》を負い、担架《たんか》で運ばれる継之助の姿もあった。

「八十里こしぬけ武士の越す峠」

これは八十里を越えるさい、継之助が自嘲《じちょう》して詠《よ》んだ歌だといわれる。当初はこうした歌や軽口をたたけるほど元気だったが、傷口はひどく回復の見込みはなく、長らえることができぬのは誰の目にも明らかだった。八月十三日頃から急速に病勢が進み、朦朧《もうろう》とする意識のなかで、十五日、継之助は従僕の松蔵を呼び「俺が死んだら、燃やせ」と言い、棺桶と骨箱を二つ作るよう指示した。骨箱の一つは偽物であり、万が一のとき敵に首級や骨を渡さぬという武士の美学だった。そして翌八月十六日朝、準備ができたのを喜び、普段と変わらず談笑していたが、午時《ひるどき》、「一睡せん」と述べて人を遠ざけ、そのまま昏睡《こんすい》状態に陥《おちい》り、息絶えたのである。四十二歳であった。

戦後、長岡藩は改易《かいえき》となるが、まもなく再興が許された。が、領地は七万二千石のうち五万石が削られた。また、長岡戦争では三百人近い藩士が亡くなっており、このため維新後は貧窮に苦しみ、戦いを起こした継之助に対する怨嗟《えんさ》の声が満ちていたという。

いずれにせよ、なにゆえ継之助が小千谷会談のあと、新政府に寝返った新発田藩とは真逆に、一転して徹底抗戦の道を選んだのか、その真相はいまだ謎に包まれている。

これはあくまで私の想像なのだが、このときもし継之助が新政府軍に従って会津藩などの同盟軍と戦ったとしたら、同盟軍が長岡城下に攻め込んできた可能性が高い。

実際、隣の与板《よいた》藩井伊《いい》氏（二万石）は新政府軍に加担したため、奥羽越列藩同盟軍がたびたび領内に侵入し、城下は激しい攻撃にさらされ、城をはじめ多くの建物が焼失してしまっている。もともと佐幕的な継之助ゆえ、どうせ大きな被害が出ざるを得ないのなら、新政府軍と敵対する道を選ぼうと考えたのかもしれない。

3章　ぜひとも教科書に載せたい新歴史

1　お歯黒という不思議な化粧文化

土偶《どぐう》の顔に文様が彫られているのを見ると、日本人は縄文時代から顔面にペイントや入れ墨を入れていたことがわかる。続く弥生人も、顔に朱《しゅ》を塗ったり、入れ墨を入れていたことが『魏志《ぎし》』倭人伝《わじんでん》の記述からわかっている。さらに古墳時代の埴輪《はにわ》にも、頬《ほお》に紅を施したものが出土している。

このように日本人は、太古の昔から化粧をしてきたのである。

俗に「色白は七難隠す」というが、肌が白ければ難点が隠れるとされ、飛鳥《あすか》時代になると、色の白さを強調するため白粉《おしろい》をつける化粧法が中国から伝わってきた。ただ、白粉はたいへんな贅沢《ぜいたく》品で、平安時代になっても使用できるのは豊かな貴族の男女に限られたという。

ところで、そんな平安貴族の間に一般化した化粧法で、江戸時代まで広く普及していながら、現在は完全に消失してしまったものがある。それが、白い歯を黒く染める「お歯《は》黒《ぐろ》」である。

腐った酒や食べ物でつくった酢のなかに、鉄片などを入れて酸化させた液体をつくる。

そこにタンニンを含むふし（ヌルデの葉茎にできる虫こぶ）の粉末をまぜて墨汁のような液体をつくり、それを歯に何度も塗って染め上げるのだ。

現在でも、昔の時代劇の映像や歌舞伎などで、お歯黒を目にすることがあるが、個人的にはとても美しいとは思えない。正直、妖怪を見ているようでゾッとしてしまう。

いったいなぜ、こんな奇妙な風習が起こったのだろう？

そもそもの起源だが、『魏志』倭人伝の「黒歯国《こくしこく》」という記述や古墳時代の人骨にお歯黒の痕跡《こんせき》が見られることから、お歯黒の風習は、弥生時代から古墳時代にかけて日本に定着したらしい。そして平安時代に、貴族の男女間に広く普及したのである。

ただ、不思議なことに、お歯黒の風習は、東南アジアや中央アジアのごく一部に見られるものの、隣国の朝鮮や中国には見られない。なぜ東アジアで日本人だけが歯を黒く染める風習があるのか、そのあたりは今後の研究を待たねばならない。

なお、平安末期に朝廷で栄華を極めた平氏《へいし》一門も、武士でありながらお歯黒をしていた。

たとえば、一ノ谷の合戦でのこと。敗走する平忠度《たいらのただのり》は、背後から源氏《げんじ》方の岡部六弥太《おかべろくやた》に呼び止められた。このとき忠度は、「私はお前の味方だ」とごまかそうとしたが、六弥太は

「源氏一族に、お歯黒をする武士はいない」とすぐに気づき、結局、忠度は六弥太に仕留められてしまったという。

この逸話からわかるのは、まだこの時期には、地方の武士層までお歯黒が浸透していなかったことだ。しかし鎌倉時代になると、お歯黒の風習は下級武士にまで一気に広まり、鎌倉幕府の三代執権北条泰時《しっけんほうじょうやすとき》は、武士のお歯黒を禁じている。

ただ、なぜか戦国時代になると、お歯黒は女性専用の化粧となり、男性は公家や大名、上級武士などに限られていくのだ。その理由については、正直よくわかっていない。

ちなみに、小田原平定に出立する秀吉について、『太閤記《たいこうき》』は「其日《その》の出立《いでたち》作り鬚《ひげ》にかねくろなり」と記している。「かねくろ」は鉄漿黒と記し、お歯黒のことである。そう、あの秀吉も、何か大切な日には、お歯黒をつけていたのである。

けれど、次の江戸時代になると、すべての男性からお歯黒の風習は消え去り、完全に女性専用の化粧として定着する。しかもそれは、既婚者の象徴となった。つまり、人妻になると、女性はお歯黒をつけるようになったのである。

これに関しては、「黒」という色は不変なので、「貞女《ていじょ》は二夫《にふ》に見《まみ》えず」という貞操《ていそう》の印とされたという説がある。

このほか、歯を真っ黒にすることで歯並びの悪さを目立たなくさせるとか、虫歯による歯の変色を隠すことができるという説がある。また、お歯黒の液体で虫歯を予防するためという説も根強い。実際、科学的根拠も判明している。さらに、黒光りする歯が女性を色っぽく見せるという説があるが、これはさすがに納得しがたい。

ちなみに、昭和九年の小林富次郎編『寝る前の三分間物語』（小林商店）は、お歯黒について、次のような伝承を紹介している。

十四、五歳になると女の胸のなかには小蛇が血の池をつくって住むようになる。その池の血がときおり下にくだってくるのが月経である。なお、血の池にいる蛇は次第に成長する。そうなると女の嫉妬《しっと》心が強くなり、やがて生きながら大蛇に変身して夫を食い殺してしまう。そんな蛇が一番嫌うのものが黒金（鉄）。とはいえ、鉄を一気に大量に飲めば、女は死んでしまう。そこで考案したのがお歯黒である。歯に鉄を塗っておけば、だんだんと咽喉《のど》から鉄が血の池へ入り込み、いずれ蛇は消えてしまい、血の池も涸《か》れ果てる。こうして女の月経もなくなるというわけだ。

何とも荒唐《こうとう》無稽《むけい》な説だが、もしかしたら江戸時代の人々はこうした話を信じていたのかもしれない。

ちなみに、文化文政期《ぶんかぶんせい》（一八〇四～三十）になると、歯を黒く染めたあと、前歯二本を磨いて真っ白にする「愛嬌歯《あいきょうば》」というおしゃれが流行したという。やがて明治になると、前歯二本に金歯を入れて「愛嬌歯」と称するようになる。

いずれにせよ、お歯黒という風習がなぜ日本で確立したのか、さらに江戸時代、どうして人妻だけがおこなう習俗になったのか、そのあたりはよくわかっていないというのが本当のところなのだ。

では、江戸時代に来日した外国人たちは、日本女性のお歯黒を見てどのように感じたのだろうか。

C・P・ツュンベリーは、オランダ商館の医師として安永《あんえい》四年（一七七五）に長崎の出《で》島《じま》に着任、翌年、オランダ商館長フェイトとともに江戸へ参府し、その体験を旅行記としてまとめた。そのなかに、お歯黒のことが言及されているので、ちょっと紹介しよう。

「既婚女性が未婚者とははっきり区別できるのは、歯を黒くしているからである。日本人の好みでは黒い歯はまさしく美しいものとされている。だが、大半の国なら家から夫が逃げだしてしまうしろものだ。大きな口にぎらぎらした黒い歯が見えるのは、少なくとも私に

とっては醜《みにく》く不快なものであった」（高橋文訳『江戸参府随行記』平凡社東洋文庫）

ツュンベリーにとって、お歯黒という風習はとても異様に映ったようだ。

幕末に来日したフランス人のE・スエンソンは「結婚するや否や女は妻の仕事、母の仕事に献身することになる。剃《そ》り落とされた眉《まゆ》と黒く染められた歯が、それまでの虚栄心と享楽《きょうらく》好みを完全に捨て去ったことの目に見える証《あかし》となる」（長島要一訳『江戸幕末滞在記―若き海軍士官の見た日本』講談社学術文庫）と述べ、お歯黒によって自分を醜くするのは、女の色香を捨てて妻や母になる決意だろうと解釈している。

とにかく欧米人にはお歯黒は不評であった。

もう一つ紹介しよう。

ペリー一行の公式記録である『ペルリ提督　日本遠征記（四）』（土屋喬雄・玉城肇訳　岩波文庫）には、「ひどく腐蝕された歯ぐきに生えてゐる一列の黒い歯が見えた。日本の既婚婦人だけが、歯を染める特権をもつてをり、」「齦根《はぐき》（歯肉）は腐つて赤い色と生活力を失ふ。この習慣は、夫婦間の幸福を導くことが殆《ほとん》どないと考ふべきであらうし、又当然、求婚時代の夢中なときに接吻《せっぷん》をしてしまはなければならないことも推測されるだらう」

まさに、ボロクソの評価がなされていることがわかる。

では、明治維新を経て人妻からお歯黒の風習は消えたのだろうか。

玉置育子・横川公子氏の研究（「化粧文化史の変遷と流行した化粧の受け入れ方についての研究」『コスメトロジー研究報告』所収）によれば、明治元年（一八六八）にお歯黒は野蛮な風習として眉剃りとともに太政官《だじょうかん》布告によって禁止され、さらに明治三年、華族のお歯黒禁止令が出された。また、明治六年には昭憲《けんしょう》皇后（明治天皇の皇后）がお歯黒をやめたので、皇族や華族から急速にこの風習は消えていき、それが一般にも普及し、そのまま消滅しそうになった。

ところが雑誌『風俗画報《ふうぞくがほう》』の記事には、「明治20年頃、女の歯の白いのは恐ろしいとしてふたたび鉄漿をつける女性が増え、明治32年の記事でも鉄漿《かね》を止める風習はまだまだ浸透していないと述べられている」（『前掲書』）そうだ。

また、明治十二年（一八七九）の模範文例書『小学女子作文捷径《しょうけい》』（大島東陽著）には、「鉄漿つけ悦《よろこび》の文」という項目があり、初めてお歯黒を染めた女性に対する祝い文とその返文が掲載されている。このように明治になっても、まだまだ多くの女性がお歯黒をしていたのである。

ちなみに「お歯黒の概念および実例報告」（『岩手医科大学歯学雑誌　12巻2号』所収）

には、昭和六十二年（一九八七）時点で九十三歳になる女性がいまだお歯黒をし続けている実例が紹介されている。彼女は三日に一度の割合で歯を染めているが、なんとまだ残存する歯が二十六本もあり、虫歯がないというのだ。しかも、歯石もなく、お歯黒を塗ったあとのほうが歯肉が引き締まり口腔内は良好な状態で、食べ物もしっかり噛めるという。このため、「お歯黒の歯および歯周組織への有効性が推測できる」（『前掲書』）と結論づけている。

かつて日本女性がお歯黒をしたのは、妻や母に変身するためであり、同時に歯を健康に保つためだったといえるのではなかろうか。

2　名君によって幕末から始まったワクチン接種

新型コロナウイルスによる感染症が世界中に蔓延《まんえん》し、いまだ勢いがおさまる様子はないが、歴史を見ると過去に何度も感染症のパンデミックが起こっていることがわかる。

たとえば奈良時代の天平《てんぴょう》七年（七三五）、海外から入ってきた天然痘《てんねんとう》（疱瘡《ほうそう》、痘瘡《とうそう》）が猛威をふるい、人口の三〇パーセント近くが罹患《りかん》して亡くなったという研究がある。このき政権を握る藤原四子《ふじわらしし》（不比等《ふひと》の四人の子）も全員亡くなり、生き残った公卿《くぎょう》の橘諸兄《たちばなのもろえ》がたまたま実権を握った。このように、感染症は政治の世界にも影響を与えているのだ。

「平家《へいけ》にあらずんば人にあらず」といわれるほど大きな権力を手にした平清盛《たいらのきよもり》も、急に熱病に冒《おか》され短期間で絶命した。インフルエンザの可能性が指摘されているが、これにより平氏政権の瓦解が早まったのは間違いない。

江戸時代の五代将軍綱吉《つなよし》も感染症のために死去したが、代わって将軍になった甥《おい》の家宣《いえのぶ》は、ただちに生類憐《しょうるいあわれ》みの令を廃止、それまでの政治方針を大きく転換している。

綱吉を死に至らしめた病は、麻疹《はしか》だった。当時、麻疹に効く薬は存在せず、主に食事によって病の改善をはかった。かんぴょうや切り干し大根、小豆、砂糖、どじょう、ひじきなどが麻疹によいとされ、逆に里芋、椎茸、空豆などは禁物とされた。風呂や性交などはもってのほかで七十五日は厳禁とされた。

もちろん七十五日の医学的根拠は皆無である。江戸時代を通じて麻疹の流行は十三回発生しており、文久《ぶんきゅう》二年（一八六二）には約二十四万人が命を落としたといわれている。

だが、さらに致死率が高く、とくに多くの子供の命をうばったのが、冒頭で述べた疱瘡

（天然痘）だ。この病は疱瘡神（疫病神《やくびょうがみ》）がもたらすと信じられ、我が子が疱瘡に罹《かか》らぬよう、鍾馗《しょうき》や源為朝《みなもとのためとも》など強い英雄を描いた疱瘡絵をお守りに持たせたり、運悪く麻疹になったときは枕元に疱瘡神を祀《まつ》る祭壇をつくった。

疱瘡は紀元前から存在する感染症で、世界中で猛威をふるってきたが、一度罹患して回復すると二度と感染しない。さらに患者の発疹《ほっしん》（水疱性）の膿《うみ》に触れると、やはり罹患しないことがわかっていた。

そこで古代から体を傷つけ、そこに患者の膿を入れたり、発疹のかさぶたを鼻から吸い込み病を防ぐ人痘法《じんとう》がおこなわれてきた。要は生ワクチン接種による免疫の獲得である。だが、人痘法によって本当に天然痘にかかってしまい、命を落とす人も少なくなかった。日本でも江戸時代に試みられたようだが、うまくいかなかった。

そうしたなか、一七九八年にイギリスのジェンナーが牛痘種痘法《ぎゅうとう》という安全で画期的な方法を発表する。

牛にも天然痘に似た牛痘（感染症）があり、その膿（牛痘苗《びょう》）を体に入れると、水疱性の発疹が現れる。その発疹の膿をまた人に接種すると、同じく発疹が現れるのだが、接種した人々はいずれも天然痘に罹患しないことを発見したのだ。こうして人から人へ種痘していくのが、牛痘種痘法である。

コロナ禍《か》においてワクチンは、かつての生活を取り戻せる唯一の希望の光になりつつあるが、それは江戸時代の日本でも同じだった。

ジェンナーによる接種法は、十九世紀初めに海外の書籍を通じて日本の医師の間にも知られるようになり、来日したドイツ人医師シーボルトも具体的な方法を弟子の蘭方医《らんぽう》たちに伝授している。すでにオランダの植民地であった東南アジアなどでは種痘が始まっていた。だが、日本にはなかなか牛痘苗が入ってこなかった。

そんな弘化《こうか》三年（一八四六）、佐賀《さが》藩で天然痘が大流行する。時の藩主鍋島直正《なべしまなおまさ》（閑叟《かんそう》）は名君として知られ、西洋の技術の導入に積極的な人だった。

そこで直正は、侍医の伊東玄朴《いとうげんぼく》の進言を受け入れ、領民に種痘を行うことを決意、翌年、長崎にいる藩医・楢林宗建《ならばやしそうけん》に牛痘苗を入手するよう命じたのである。

宗建は、出島《でじま》のオランダ商館にも出入りを許された名医だった。つてを利用して宗建は、出島のオランダ商館長レフィスゾーンに牛痘苗を取り寄せてくれるよう依頼した。

こうして嘉永《かえい》元年（一八四八）、商館医モーニッケがバタビアから牛痘苗（牛痘漿《しょう》）を持ってきてくれた。そこでさっそく牛痘接種を試してみたものの、水疱は現れず、失敗に終わってしまった。

翌年、オランダ船がふたたび牛痘苗を運んできた。そこで宗建はモーニッケの指導のもと、連れてきた三人の乳児に種痘をおこなった。すると、うち一人にはっきりと水疱が現れたのである。これが、我が国で初めて牛痘法に成功した瞬間だった。しかも、成功した乳児というのは、なんと宗建の実の息子であった。勇気ある決断といえよう。

宗建は、ただちに鍋島直正に連絡するとともに、次々と乳児に牛痘苗を接種し、その数を増やしていった。

なお、直正は牛痘苗が到着すると、領民がワクチン接種を忌避《きひ》せぬよう、率先して我が子・淳一郎《じゅんいちろう》（のちの藩主直大《なおひろ》）に接種したのである。これまた大した人物である。これにより、佐賀藩では急速に種痘が広まった。

一方、長崎では、牛痘苗の植え継ぎがおこなわれ、それらは各地に運ばれ、福井《ふくい》藩など雄藩などでも牛痘が広まっていった。

第九代水戸《みと》藩主・徳川斉昭《とくがわなりあき》も、牛痘接種を推進した一人である。

ＮＨＫの大河ドラマ『青天を衝け』で、最後の将軍徳川慶喜《よしのぶ》の実父として竹中直人さんが演じたから記憶に残っている方も少なくないだろう。斉昭は名君として知られていて、藩主に就任すると、藤田東湖《ふじたとうこ》ら有能な人材を登用して大規模な藩政改革をおこない、それが幕府の天保《てんぽう》の改革にも影響を与えたといわれている。

彼は医学に深い関心を持ち、領民に役立つよう薬の処方箋《しょほうせん》や治療法を記した『景山奇方《けいざんきほう》集《しゅう》』や『景山和薬集《けいざんわやくしゅう》』（景山は斉昭の号）といった書を著したり、病気の家臣に良薬の処方を与えたりしている。そんな斉昭が特に力を入れたのが、種痘による疱瘡の予防だったのである。

疱瘡は水戸藩でもたびたび流行を繰り返し、とくに幼児の命を多く奪うだけでなく、命が助かっても顔面にひどいあばたが残ったり失明することも多かった。じつは、斉昭の姉二人も、疱瘡で命を落としていた。だから何としても領内での疱瘡の流行を食い止めたいと思ったのだろう。

先述のとおり、すでに中国から人痘法といって、患者の瘡蓋《かさぶた》や膿疱を鼻から吸い込む方法がおこなわれており、天保十三年（一八四二）、斉昭も藩医の本間玄調《ほんまげんちょう》らに人痘法を開始させた。玄調は長崎でシーボルトから種痘技術を学んだ優れた医師だった。

まずは我が子に試して安全性を確認したうえで接種にあたったが、このとき斉昭も領民の不安を解消するため、側医の松延道円《まつのぶどうえん》に頼んで、まずは我が子の八郎麿と九郎麿に種痘させている。鍋島直正同様、英断だといえよう。

だが、弘化三年（一八四六）になっても、玄調から接種を受けた領民は六百人程度に過ぎなかった。

斉昭は、その著書『景山救痘録《きゅうとうろく》』で「人痘法を受けた我が子は軽い疱瘡で済んだから領内に広めたいのだが、多くは旧弊《きゅうへい》にとらわれ接種しようとしない。私は各地に種痘所を設け毎年千人の接種をおこない、子供たちを疱瘡の苦難から救いたいのだ」と歎息《たんそく》している。ところが同年、疱瘡が領内で爆発的に流行、翌年には建具《たてぐ》屋や指物《さしもの》屋も葬送の道具をつくらなければならぬほどの死者が出た。

斉昭は、藩の医学館で毎月二回、定期的に希望者に種痘を施し、さらに地方の医師に痘苗を与え接種にあたらせた。

嘉永三年（一八五〇）、待ちに待った牛痘苗が長崎から水戸藩に届いた。

斉昭はまたも、ただちに我が子に接種して安全性を領内に示し、医学館から各農村にも医師を派遣して大々的に領民に種痘をおこなっていった。費用は藩がすべて負担し、貧しい家が子供の接種に応じた場合、一貫文を支給することに決めた。こうした努力の結果、安政《あんせい》年間初めまで一万三千四百人もの領民が接種を受け、多くの命が救われたのである。

また、民間にも牛痘摂種は広まっていった。大坂でも蘭学塾「適塾《てきじゅく》」を経営する緒方《おがた》洪庵《こうあん》が嘉永二年（一八四九）に大和屋喜兵衛《やまとやきへえ》の出資で大坂に除痘館《じょとうかん》をつくり、無償で種痘を始めた。これを評価した江戸幕府は慶応《けいおう》三年（一八六七）、除痘館を官立として事業を拡大した。

昭和五十五年（一九八〇）、天然痘は撲滅されたが、それまでには楢林宗建、鍋島直正、徳川斉昭、緒方洪庵といった医療従事者や政治家たちの懸命な努力があったことをぜひとも知ってほしいと思う。

3　幕末に来日し、歴史を動かしたイギリスの若き外交官

あまり教科書には登場しないが、ぜひとも紹介したい幕末の外交官がいる。アーネスト・サトウである。

サトウは、一八四三年にロンドンで生まれた。母はイギリス人だったが、父はスウェー

デン出身で、各地を転々としたすえロンドンに拠点をかまえて商売で生計を立てていた。四男のサトウは、私立学校を経て十三歳からミル・ヒル・スクールの寄宿舎で学んだ。十六歳で首席となり、同年ロンドンのユニバーシティ・カレッジに進学、わずか二年ですべての学業を終えてしまい、両親の勧めに従いケンブリッジのトリニティー・カレッジへの入学を目指した。だが、結局サトウは進学しなかった。一冊の本が、彼の人生を変えてしまったのである。

たまたま兄が図書館から借りてきた『エルギン卿《きょう》の中国・日本使節記』を手に取り、読み進むうち、日本という神秘的な国の虜《とりこ》になってしまったのだ。そんなある日、偶然、政府が通訳生を募集していることを知る。しかも赴任《ふにん》地に日本が含まれているではないか。喜んだサトウは両親を説得、了解を得たうえでこれに応募した。選抜試験をトップでパスしたサトウは、赴任先に日本領事館を指名。こうして十八歳のサトウは、日本行きの切符を手にしたのだ。人生というのは本当にわからない。

文久《ぶんきゅう》二年（一八六二）八月、サトウの乗る船が横浜港へ近づいてきた。その光景を見てサトウは「実に陽光燦々《さんさん》たる、日本晴れの一日であった。江戸湾を遡行《そこう》する途中、これにまさる風景は世界のどこにもあるまいと思った」（坂田精一訳『一外交官の見た明治維新』岩波文庫）と述べている。期待感で胸が膨《ふく》らむ十九歳の若者の気持ちがよくわかる。

だが、着任数日後、サトウは大事件に遭遇する。川崎大師《かわさきだいし》へ向かうイギリス人一行が誤って薩摩《さつま》の島津久光《しまづひさみつ》の行列に入り、武士たちに殺傷されたのだ。世にいう生麦《なまむぎ》事件である。

当時、日本では外国人を排除せよという攘夷《じょうい》思想が高まり、襲撃事件が頻発していた。江戸のイギリス公使館（東禅寺）も二度にわたり襲撃を受け、わずか七か月前には、新たに品川御殿山《ごてんやま》に新築中の公使館も焼き打ちにあった。犯人のなかには、のちにサトウの友人となる伊藤博文《いとうひろぶみ》も含まれていた。ともあれ来日早々、サトウは攘夷熱による混乱の渦《うず》に巻き込まれたのだ。

翌年六月、イギリス艦隊が鹿児島湾へ向かい、交渉が決裂して翌七月に武力衝突に発展（薩英戦争）した。このときサトウも軍艦に分乗しており、初めて海戦を経験することになった。

まことに驚くべきことだが、この頃すでにサトウは難解な日本語をかなり理解し、それから一年も経つと、自由に日常会話を使いこなせるようになった。頭脳の明晰《めいせき》さと若さも関係しているだろうが、日本に強い関心を寄せていたことが大きいと思う。このため一介の通訳生ながら、複雑な日本の機密文書を翻訳したり、各地に出向いて多くの日本人と接触し内偵活動をおこなうようになる。

サトウの同僚であったミッドフォードは、「サトウは誠に日本語に精通しており、彼の持つ素晴らしい機転の良さと気取らない誠実さとあいまって、日本の指導層にいる人々と友好的な関係をきずくことを可能にした。こうして若いにもかかわらず相当の地位にまでのぼりつめ、上司にとってはかり知れないほどの利点をもたらすこととなった」（庄田元男訳『アーネスト・サトウ伝』平凡社東洋文庫）と記している。

アーネスト・サトウ（横浜開港資料館所蔵）

サトウが幕府や諸藩の要人と強い絆《きずな》を持てたからこそ、イギリスの意向を日本の政局に強く反映させることができたのである。このため初代駐日公使のオールコックや後任のパークスは、この青年を大いに使役し、やがて通訳生から書記官に抜擢《ばってき》した。

とくにパークスは重宝するあまり、常に

サトウを連れ歩くほどだった。政局が切迫した慶応《けいおう》三年（一八六七）になると、サトウは「朝から晩まで翻訳と通訳の仕事をやらされた。ある時は、昼食の時間にも、晩飯の時間にも、長官（パークス）のところに日本人の来客が詰めかけていたので、十一時間ぶっつづけに日本語をしゃべらなければならなかった。そんなわけで、私は日記をつける暇も」（『一外交官の見た明治維新』）ないと泣き言をいっている。いまでいえば、パークスはブラック企業のパワハラ上司だ。サトウ自身もパークスの人間性について、短気で粗野、部下に対して常に「熱誠」と「勤勉」を求め「勤務についてはは厳格で、やかましくもあっ」たと述べ、「始終親密というほどの仲ではなかった」と回想している。

一方で「パークスは疲れを知らない精励家で、その職務に全く没頭し、周囲の事情に正しく目をくばって、倦《う》むことを知らなかった」「冷静と勇気は、軍人以外のだれにも決して劣るものではあるまい」（『前掲書』）「外国人で彼ほど日本の歴史に貢献した人物はいない」（『アーネスト・サトウ伝』）と、その仕事ぶりについては高く評価している。

サトウは日記をもとに膨大な回顧録『一外交官の見た明治維新』を残した。記憶違いや誤解もあるが、激動の幕末維新期に幕府や諸藩の実力者がどう動いたか、イギリスが政局にどうかかわったかが赤裸々に記され、幕末史研究になくてはならない貴重な史料である。教科書でおなじみの人物も多く登場するので、いくつか紹介しよう。

高杉晋作《たかすぎしんさく》は「悪魔のように傲然《ごうぜん》としていた」。西郷隆盛《さいごうたかもり》は「黒ダイヤのように光る大きな目玉をしているが、しゃべるときの微笑には何とも言い知れぬ親しみがあった」。桂小五郎《かつらこごろう》は「軍事的、政治的に最大の勇気と決意を心底に蔵していた人物だが、その態度はあくまで温和で、物柔らかであった」。

サトウは、パークスが公使としての中立を守らなくてはならないぶん、影になって精力的に政治活動を展開した。それが端的にわかるのが『英国策論《えいこくさくろん》』だ。

列国との修好通商条約が結ばれたあとも孝明《こうめい》天皇は勅許《ちょっきょ》を拒み、約束の期限を過ぎても幕府は兵庫を開港せず、あまつさえ、貿易で栄える横浜港の閉鎖を懇願《こんがん》してくる始末だった。そこでサトウは、慶応二年（一八六六）三月から五月にかけて、横浜で発刊している英字新聞『ジャパン・タイムズ』に日本の政治問題を三回にわたって無記名で寄稿。さらにこの英文を翻訳して小冊子にまとめた。これが評判となって次々と書写され、ついには『英人サトウの「英国策論」』と題して木版印刷され、京都や大坂の書店で販売されたのである。

その内容は、大胆なものだった。

「通商条約では、幕府の将軍は日本を統治する君主のように記されているが、単なる諸侯（諸大名）のリーダーにすぎず、君主というのは詐称《さしょう》である。天皇の勅許がなければ諸侯は是認せず、条約の効力がないことは明らか。だから大君と結んだ条約は破棄し、新たに天皇や諸大名と結びなおすべきである」

このように幕府を明確に否定し、天皇を中心とする諸藩連合政権の誕生を支持したのだ。人々はこの『英国策論』を公式なイギリスの対日政策と認識した。しかしサトウは「そんなことは、もちろん私の関知するところではなかった。私の知ったかぎりでは、このことが長官（パークス）の耳に入ったことはなかったようだ」（『一外交官の見た明治維新』）と証言する。

でも、それはちょっと信じがたい。当時、フランスのロッシュ公使は幕府に肩入れして軍事的、経済的、技術的支援を惜しまなかった。パークスはこれに対抗心を燃やし倒幕派に肩入れしており、むしろサトウに『英国策論』を書くよう促した可能性すらあると思えるからだ。

『英国策論』が話題になった頃、幕府は長州一藩に敗れ、倒幕派が勢いづいた。将軍になった慶喜《よしのぶ》は、ロッシュの助力を得てすさまじい軍事改革を展開したが、結局、翌慶応三年十月に大政奉還《たいせいほうかん》をおこなった。しかし同十二月、薩摩など数藩が朝廷で政変を企《くわだ》て、徳川家《とくがわけ》を排除した新政府が樹立された。翌年正月、不満を持った大坂城の旧幕兵が京都へ進軍するが、鳥羽《とば》・伏見《ふしみ》口で新政府軍（薩長軍）に敗れた。慶喜は大坂城から逃亡したが、朝廷は慶喜を朝敵《ちょうてき》とみなして西郷隆盛をリーダーとして大軍を江戸へ派遣した。

翌二月、パークスは天皇との謁見《えっけん》のため京都の御所へ向かった。途上、暴漢に襲撃され、馬上のサトウも斬りつけられた。瞬時に馬首を返して難を逃れたが、暴漢の刀が馬を傷つけた。まだまだ攘夷主義者が多かったことがわかる。

ただ、若さゆえか、サトウにはこうしたスリルを楽しみ、あえて危険に身を投じる傾向があった。日本語の堪能《たんのう》さを武器に、一般の武士や庶民とも親しく交わり、時には盃をかわしてどんちゃん騒ぎをした。

京都で襲撃を受けた翌三月、サトウは江戸にいた。「私は人目を避けるため、ことさら暗くなってから勝《かつ》を訪問することにしていた」（『前掲書』）とあるが、勝とは幕府の重臣勝海舟《かいしゅう》のことである。勝はサトウを通じてパークスの助力を得、新政府軍の江戸総攻撃の中止と慶喜の助命嘆願を実現させようとしたのだ。

意外にもパークスはその要請を承諾する。倒幕派を支援してきたパークスだが、日本の最大貿易相手国はイギリスであり、品物の九割が横浜港で取り引きされていた。横浜からほど近い江戸が焦土《しょうど》と化したら、イギリスは甚大な損害を被《こうむ》るだろう。つまり、外交官として自国の利益を優先したのである。結局、西郷は江戸無血開城を容認するが、それはパークスの助力が大きかったとされる。


サトウはその後も十四年間、パークスに仕え続けたが、明治十七年（一八八四）、シャム（現在のタイ）の総領事に転じた。かなり悩んだが、出世の道を選んだのである。だが、蒸し暑い気候を体が受けつけず、翌年、弁理公使に昇任しながら、「もう一度日本に行くと考えただけで私は活力をとりもどし、二十五年前にはじめて脳裏に焼き付けた、青い海に洗われる断崖の懐かしい光景がよみがえる」（『アーネスト・サトウ伝』）と記すほど、日本を恋しく思うようになっていた。

シャムに着任してから三年後、サトウは政府に転任願いを出したが、赴任先は日本ではなくウルグアイだった。四年後、今度はモロッコへ赴任したが、弁理公使ではなく特命全権公使だった。これは、ノンキャリアとしては異例の出世だ。しかし、やはりサトウの心は日本にあった。この頃（明治二十六年・一八九三）、サトウは知人に「一八六二年から一八六九年までは私の人生の中で最も興趣あふれる時期であった。当時、私はまさに活気横溢《おういつ》していた。今はただ無為に暮らしているだけだ」（『前掲書』）と書き送っている。

だが、そんな彼の思いがついに報われるときが来る。離日から十一年後の明治二十八年、サトウはイギリス全権公使として日本に舞い戻ることができたのだ。かつての通訳生がいまやイギリスの代表だった。前年、日本は日清戦争に勝利し、友人の伊藤博文が首相として政権を運営していた。見事に近代化を遂《と》げた日本を見て、きっと感無量だったろう。

五年間、駐日公使を務めたあと、駐清《しん》公使、英本国の枢密《すうみつ》院顧問官となり、引退後は庭いじりと読書三昧の日々を送り、昭和四年（一九二九）、八十六歳でサトウは生涯を閉じた。

生前サトウは日本の桜をこよなく愛し、駐日公使時代の明治三十一年、イギリス公使館前の空き地に桜樹を植え、それを東京府に寄付した。やがてその場所は桜の名所となった。残念ながら空襲で樹はみな焼失してしまったが、戦後まもなくサトウの遺志を継いで桜並木が再生され、いまも千鳥《ちどり》ヶ淵《ふち》緑道は、毎年春になると、多くの人々を楽しませている。

4 知られざる初代文部卿・大木喬任と脱亜論に対する新説

明治四年（一八七一）、文教政策を一手に担う国の行政機関として文部省が誕生した。そのトップである初代文部卿《もんぶきょう》についたのが、大木喬任《おおきたかとう》である。

初代文部大臣である森有礼《もりありのり》は必ず教科書に掲載されるので有名だが、大木喬任は高校の日本史B（通史）の教科書八種類のうち一冊にしか登場しないので、この人物について知る人は少ないだろう。

だが、喬任の在任中に発布された日本初の近代的教育法規「学制《がくせい》」は、日本史の教科書すべてに登場するうえ、その序文（被仰出書《おおせいだされしょ》）は原文のまま教科書に掲載されている。きっと読者諸氏も授業中に読んだはずだ。

そこで今回、まずは知られざる初代文部卿・大木喬任について紹介したい。

喬任は元佐賀《さが》（肥前《ひぜん》）藩士で、新政府に召し出されて東京府知事、民部卿《みんぶ》を務めたあと、新設された文部卿となった。その後は参議《さんぎ》（現在の大臣クラス）に転じ、長年にわたり司法卿をつとめたのち、さらに元老院議長《げんろう》、枢密院顧問官《すうみつ》、文部大臣など政府の要職を歴任した有能な政治家である。

それなのにあまり世に知られていないのは、彼が生前ほとんど著作物を残さず、死後、しっかりした伝記も出版されなかったからだといわれる。

若い頃は読書好きのうえ寡黙《かもく》だったことで、藩校でからかいの対象となってしまう。あるとき、腕力の強い男が手につけたツバを喬任の口になすりつけ、無理やりそれをなめさせて「甘いか」と聞いた。その嫌がる顔を見たかったのだろう。しかし喬任はまったく表情を変えず、「とても甘い」と返答したのである。

後日、嫌がらせをした男の前に突如、喬任が立ちふさがった。そして、驚く相手の顔面に泥だらけの足でいきなり蹴りをくらわせ、「甘いか」と尋《たず》ねたのだ。

激怒した相手は刀に手をかけたが、喬任は素早くその場から逃げ去った。人々は喬任に「きっと斬られるぞ」と心配したが、喬任は「あいつがここに来るまで、何人もが止めに入るから大丈夫さ」と平然と答えたという。

このように喬任は常に冷静で、物事を沈思《ちんし》して行動に移すタイプであった。

たとえば明治六年に征韓《せいかん》論に敗れ、同郷の盟友・江藤新平《えとうしんぺい》や副島種臣《そえじまたねおみ》が憤激して政府を下野したさいも、喬任はそれに与《くみ》せず政府に留まったし、同郷の大隈重信《おおくましげのぶ》が明治十四年の政変で失脚したときも、距離を置いていたので連座しなかった。

そんなことから同時代のジャーナリストである鳥谷部春汀《とやべしゅんてい》は、

「(喬任は) 佐賀人中に在《あっ》ては最も円満に造られたる人物なり。明治政府に於《お》ける佐賀人の位地 (地位) を見るに、大宰《おおかた》薩長人士の為めに厭迫《えんぱく》せられて其《その》志を得ざりしに拘《かかわ》らず、独り彼は佐賀人中最も幸福なる位地を明治政府に占めたり」(『春汀全集　第二巻』博文館カッコ内は筆者が補足)

と論じている。

佐賀県人は一般的に自己主張が強く、団結できないために政府で主導権を握れなかったといわれるが、喬任は生涯、政府の中枢にあって力をふるい続けた珍しいケースである。

さて、そんな大木喬任文部卿時代に発布された「学制」の序文を意訳して記してみよう。

「人が身を立て財産を蓄《たくわ》え、その事業を盛んにして人生をまっとうするには、身を修め知識を開き才芸を伸ばさなくてはならない。だから学校で学ぶ必要があるのだ。そこで文部省は学制を制定した。今後国民のなかに学ばない者がないようにしたいと考えている。だから保護者はこの方針を理解し、子弟を必ず学校へ通わせなさい」

このように、西洋の立身出世主義、国民皆学《かいがく》思想が謳《うた》われている。

この学制には、福沢諭吉《ふくざわゆきち》の『学問のすゝめ』が大きな影響を与えたといわれている。『学問のすゝめ』の「天は人の上に人を造らず。人の下に人を造らずと言えり」という一文はよく知られているが、諭吉は続けて「なのにどうして、貧富や地位の差などできてしまうのか」と問い、「それは、学問をしたか、しないかの差だ」そう明確に断じた。そして、生まれながらの貴賤《きせん》貧富の別などなく、「ただ学問を勤めて物事をよく知る者は貴人となり富人となり、無学なる者は貧人となり下人《げにん》となるなり」（『学問のすゝめ』）と明言した。

この一文は、当時の青年たちに衝撃を与えた。ちょうどこの時期、政府は身分制度を撤廃しており、出自には関係なく己の才覚で出世できる社会が到来した。だからこの『学問のすゝめ』（十七編）は三百万部の売り上げをほこり、貸本や写本によって多くの人々に読まれ絶大な影響を与えたのである。

ただし諭吉は、学問は一身の栄達ではなく独立のために身につけるものであり、一身の独立が家の独立になり、それが国家の独立につながるのだと説《と》いた。諭吉は、幕末に欧米社会を見聞しており、帝国主義国家の本質を見抜いていた。だからこそ国民は一丸となって、列強から日本の独立を保つべきだと考えたのだ。

では、一身の独立とは何か。

諭吉は「自分にて自分の身を支配し他によりすがる心なきを言う。自ら物事の理非を弁別して処置を誤ることなき者は、他人の智恵によらざる独立なり」（『前掲書』）と述べている。さらに、こうも警告する。

「独立の気力なき者は必ず人に依頼す、人に依頼する者は必ず人を恐る、人を恐るる者は必ず人に諂《へつら》うものなり。常に人を恐れ人に諂う者は次第にこれに慣れ、その面の皮《かわ》、鉄の如くなりて、恥ずべきを恥じず、論ずべきを論ぜず」「立てと言えば立ち、舞えと言えば舞い、その柔順なること家に飼いたる痩犬《やせいぬ》の如し。実に無気無力の鉄面皮《てつめんぴ》と言うべし」（『前掲書』）

なかなか含蓄のある言葉である。

なお、『学問のすゝめ』十七編が完結してから九年後の明治十八年（一八八五）三月十六日、『時事新報』社説に俗に「脱亜論《だつあ》」と呼ばれる文章が投稿された。

「いまや朝鮮や清国の近代化を待って、一緒にアジアを繁栄させる猶予《ゆうよ》はない。日本はむしろアジアから脱して、欧米諸国と同じように朝鮮や清国に接するべきだ」

といった趣旨《しゅし》の内容である。

脱亜論は無記名だが、文章を書いたのは福沢諭吉だとされ、原文をそのまま掲載している日本史の教科書もある。たとえば『詳説日本史B』（山川出版社）もその一つだが、本文には、

「福沢諭吉が「脱亜論」（1885〈明治18〉年）を発表した。それはアジアの連帯を否定し、日本がアジアを脱して欧米列強の一員となるべきこと、清国・朝鮮に対しては武力をもって対処すべきことを主張するもの」

と記されている。

じつは諭吉は、朝鮮の近代化を応援し、独立党などの改革・親日グループを支援してきたが、壬午《じんご》軍乱や甲申《こうしん》政変によって親日派が潰滅《かいめつ》し、朝鮮政府が親清派に傾き、朝鮮の人々もこれを支持している現実に失望し、日本も欧米とともに東アジアの植民地競争に加わるべきだという考え方に変化したとされる。そして、このように『時事新報』社説で脱亜論を述べたとされてきた。この脱亜論に共鳴した人々も多く、国内では「朝鮮に積極的に政治介入し、日本の力を伸ばすべきだ」といった国権論の声が高まっていった。

ところがである。

近年、脱亜論の執筆者については、「福沢諭吉が書いたものではない」と明言する研究者もおり、その真偽について議論が続いているのである。今後、この説が定説になると、教科書からこの一文が抹消される可能性もある。

少し話が逸《そ》れてしまったが、学制に話を戻そう。

新政府は、国民を近代化させるためには、国民が文字が読めず、教養や知識もなければ、到底、富国強兵は達成できず、欧米に対抗する強国になることはできないと考え、学制を発布して男女全員に等しく学校教育を授ける（国民皆学）という公教育の考えを打ち出し、小学校教育の普及に力を注ぐことにしたのだ。

先ほど序文を紹介したが、学制は百九章に及ぶ法令で、「全国を八大学区に分け、各大学区に大学校を一校、中学校を三十二校。各中学区に小学校を二百十校設置する」というもの。ただそうなると、小学校は五万三千七百六十校という膨大な数になる。

しかも、学校設置費や教員給与は住民の負担であった。加えて大事な労働力であった六歳以上の子供（男女）を学校へ通わせねばならず、授業料も取られたので、当然、国民の反対は大きく、学制反対一揆《いっき》が各地で発生した。

ちなみにこの学制の草案は、箕作麟祥《みつくりりんしょう》ら学制取調掛《とりしらべがかり》の面々が作成したが、文部卿の喬任は制定作業を丸投げしたわけではなく、深く関与したと思われる。

というのは、先の鳥谷部が「(喬任は) 一見茫漠《ぼうばく》たる人物なれども、其脳神経は無休息に運動し、瑣事《さじ》末節と雖《いえど》も自ら之れを処理するの癖あるが故《ゆえ》に、彼れに使役せられたる属僚(役人)は皆彼れを喜ばざりき」(『前掲書』) と述べているからだ。些末《さまつ》な仕事にも口をはさみ、役人に迷惑がられていたというのだ。なかでも教育は喬任の得意分野だったので、学制に関与したのは間違いないだろう。

喬任はかつて藩校「弘道館《こうどうかん》」の指南役として少年たちの教育にあたっていたのだ。重松優著『大木喬任』(佐賀県立佐賀城本丸歴史館) によれば、喬任の歴史教育の方法はとくに斬新だったという。歴史を詳しく解説する前に「もしお前がこの時代のリーダーであったら、この事件をどう処理するか」と問い、自分で考えさせるのを常としたそうだ。まさに現代でいう、歴史的思考力の育成や問題解決学習に通ずるところがある。

また、明治初年の東京府知事の時代には、各地に「救育所」を設けて困民を収容し、彼らが自活できるよう職業教育をおこなわせた。

民部卿時代には、岩倉具視《いわくらともみ》に対し「人は学べば知り、教えれば習熟するのだから、学習事業は国を富強にするための急務である」と教育の重要性を説いている。

ただ、学校はあくまで知能や芸術を育成する場であり、江戸時代のような儒学教育や漢学主義は退けるべきだと主張した。また、とくに急ぐべきは「幼学所」（小学校）の設置、婦女子の就学、そして商業教育だと述べ、その主張は文部卿のときにも変化せず、学制の被仰出書にもそれが反映されているといわれる。

なお、当時はあらゆる分野で近代化が急がれた。

とにかく西洋をまねて富国強兵を達成し植民地への転落を防ぐ、それが政府の命題だったからだ。だから喬任も近代教育を担う教員の育成を急ぎ、アメリカ人スコットに師範学校制度を創設させるさい、「すべてアメリカ式にしてくれ。日本の事情を斟酌《しんしゃく》する必要はない」と言い切っている。

ただ、そのままにするつもりはなく、とりあえず完成させたのち、修正すればよいというのが大木の考え方だった。

実際、翌明治六年、喬任は西洋の制度をそのまま導入した学制を修正し、日本の文化を重視したものに改良しようと準備を進めている。

また、道徳の教科書を自ら執筆し、国民の自立をうながそうと企図した。しかしながら明治六年の政変で江藤新平ら五人の参議が政府を下野したので、喬任は文部卿から参議に転出、さらに江藤の後任として司法卿《しほう》になったので、これらの試みは中断してしまったのである。

いずれにせよ、近代日本の教育の根本を定めた大木喬任の功績は非常に大きいといえるだろう。

5　ぶれない決意で女性の自立を目指した女子教育の先駆者・津田梅子

令和六年（二〇二四）に新札が登場するが、このうち女子教育の先駆者として評価され、五千円札の肖像になる津田梅子《つだうめこ》の業績は、教科書では、脚注に一行程度しか紹介されていない。だから本項で詳しく語っていこう。

明治四年（一八七一）に派遣された岩倉《いわくら》使節団の女子留学生五人のうち、最年少はわずか八歳（満六歳）の幼児だった。それが梅子である。

当初は留学生に女性を含める予定はなかったが、欧米を視察した開拓使《かいたくし》次官の黒田清隆《くろだきよたか》が「優れた人材を育てるためには、教育のある母が必要だ」と政府に訴えたことで、急きょ、公募が決まったのである。

開拓使の嘱託《しょくたく》で元佐倉《さくら》藩士の津田仙《せん》は、幕末に幕府使節に随行して渡米した経験があり、この計画を知って娘の梅子に応募させたようだ。

こうしてアメリカに渡った梅子は、日本弁務官《べんむかん》書記（いまでいう日本公使館の秘書）を務めるチャールズ・ランマンのもとに預けられた。ランマン夫妻には子がなかったので、梅子を実子のように可愛がり、どんな支援も惜しまなかったという。たっぷりと愛情を受けた梅子は、聡明《そうめい》で誠実な女性へと成長していった。

梅子は十歳のときに自分の意志でキリスト教の洗礼を受けたというが、十二歳ぐらいになると、ランマン家にある本を手当たり次第に読むようになった。ランマンは祖父が上院議員、父が弁護士の家に生まれ、本人も画家、編集者、議員秘書などをこなす知的エリートだったので、屋敷のなかには三千冊の蔵書があった。

こうして学びに目覚めた梅子は留学から十一年後の明治十五年（一八八二）、アーチャー・インスティチュート（私立の女学校）を優秀な成績で卒業。同年、同じ留学生の山川捨松《やまかわすてまつ》と帰国したのである。

留学生には、年間千円の国費が支出されていた。これは、家族が裕福に暮らすに十分すぎるほどの金額であったので、梅子と捨松は「帰国後は結婚せずに、お国のために貢献しようね」と約束し合った。

ところが政府は、帰国した彼女たちに何の仕事も用意していなかったのである。女子留学生に期待されていたのは、国家のエリートと結婚してよき妻、賢い母になることだった。

これに失望した梅子だが、さらにショックだったのが捨松が結婚したことである。あれほど固く約束したのに、捨松は帰国一年足らずで薩摩《さつま》藩出身の陸軍軍人大山巌《おおやまいわお》の妻になってしまったのだ。

また、言葉の壁も彼女を苦しめた。アメリカで育ったことで、ほとんど日本語を忘れてしまっていた。父は英語を理解できるので会話ができたが、せっかく会えた母の初子《はつこ》や姉妹弟とは言葉でコミュニケーションができず、結局、家では無口になってしまった。その後もバイリンガルになるのは難しく、梅子が書いたものはほとんど英語であり、日本語での会話も少したどたどしかったという。

梅子は、日本でのそうした苦悩をたびたびランマン夫人（アデリン）への手紙にぶちまけた。文中には「アメリカなんかへ行かないほうがよかった」という悲痛な言葉が刻まれていた。

ただ、彼女は強い人だった。愛無き結婚を断固拒絶し、日本女性が猫のようにおとなしく男の給仕に甘んじる慣習や、女性が「男より劣る」と思い込んでいる現実を変えるため、学校をつくって男性と対等に意見を言える自立した女性を育てたいと決意したのである。

とはいえ、梅子には仕事がない。そんな彼女に救いの手を差し伸べたのが、岩倉使節団で面識のあった伊藤博文《いとうひろぶみ》だった。

伊藤博文は梅子を妻と娘の家庭教師とし、さらに明治十八年、新設された華族女学校の英語教授補にしてくれた。このとき準奏任官《そうにんかん》（国の役人）の地位と年棒四百二十円が与えられた。小学校教師が六十円程度だから、その高給ぶりがわかるだろう。

梅子は授業に『若草物語』など海外小説を取り入れたり、会話や作文を重視するなどアメリカ的な教育手法を試み、生徒と一緒にテニスやゲームをするなど全人的な教育活動をおこなった。だが、生徒たちは華族という特権階級の女子であり、向上心に欠ける従順な人形のようだった。

梅子は「やはり自分の学校をつくって、政府に縛られない自由な教育をおこない、自立した女性を育てたい」という気持ちが抑え切れなくなった。

ただ、そのためには自分がもっと進んだ知識や教育技術を習得する必要があると考えた。こうして明治二十二年、長期休暇というかたちで教師在任のまま、梅子はアメリカのブリンマー大学（女子大）へ三年間留学する。生物学を専攻したが、共同研究者はのちにノーベル賞を受賞しており、大学の教授も梅子に研究職を与えるからと引き留めようとしている。それほど優秀だったのだが、彼女の意志は変わらず、留学中にアメリカの友人や知人たちからの寄付や協力を得て着々と学校創設の準備を進めた。

帰国後はまた華族女学校で教鞭をとるが、デンバーで開催された万国婦人クラブ連合大会に日本女性の代表として出席して、演説するなど、女性の地位向上のために活躍した。

なお、このおり十九歳のヘレン・ケラーのもとを訪ねている。このとき梅子は、この少女について、

「この見ること無く、聞くことなき、一才女が、将来米国の文壇に立つの日は、実に見物であるでしょう。ヘレンはたとひ肉体の目にて見ず、耳にて聞かずとも、自分が云ッた通りに、心の目、心の耳で宇宙の美を観察して、これを豊かなる思想を以て表はす事が出来

て、文学上に一異彩を放つ事が、キットあるでしょう」（『女学講義』明治三十四年四月
津田塾大学編『津田梅子文書』同大 所収）

と、その将来を大いに期待している。ただ、梅子はヘレンだけでなく、彼女を育てたサリバン先生の言動に大いに感激している。この日、梅子に同行したブリード夫人が試しにドイツ語でヘレンに尋《たず》ねたところ、彼女がすぐに理解したので、夫人はサリバンに、「とても感服したとヘレンに伝えてほしい」と頼んだ。これに対してサリバンは、「いと真面目に私は未《いま》だ曾《かつ》て然様《さよう》な言葉をヘレンに聞かした事は無いのです」と答えたのだ。

これを聞いた梅子は、「これはサリバン女史の見識の高い点で、ヘレンをして、自から他に秀でたる処あるに誇るやうにならしめぬ為に、お世辞、へつらひようの言葉は、人が来て何程に云《い》はうが、一切当人に取次をしないのです」と述べ、ヘレンが傲慢《ごうまん》な人間にならぬよう配慮する彼女に感心し、「かやうに考《かんがえ》の深き人（サリバン先生）に育てられてゐますから、ヘレンはまことに無邪気で、世馴れてをらず、其《その》愛らしきは、殆《ほとん》ど幼児のやうです」（『前掲書』）と述べている。女学校をつくりたいと熱望しているだけあって、梅子は教育者としてのサリバンのこともしっかり見ていたのである。

明治三十三年（一九〇〇）、梅子は華族女学校に退職届を出し、麹町《こうじまち》区一番町（現在の

千代田区）に女子英学塾（のちの津田塾大学）を創設した。人々は安定した地位をなげうち、無給で教え始めた梅子に仰天したが、梅子にとってはようやく積年の夢を叶《かな》えたわけだ。

女子英学塾の開校式で梅子は、次のような式辞を述べた。彼女の教育理念がはっきり読み取れるので、意訳して紹介しよう。

「本当の教育は、立派な校舎や設備がなくてもできるものです。真の教育にはもっと大切なことがあるのです。それは、教師の熱意と学生の研究心です。こうした精神的な準備が整っていれば、設備など欠けていても真の教育はできると私は考えます。

また、大規模な学校で多数の学生を教えても、十分な成果は上がらないと思います。人の心や気質は、その顔が異なるように皆違うのですから。したがって教育は、学生一人ひとりの個性にしっくり当てはまるようにおこなうべき。多人数では無理が出ます。だから私は、真の教育をするには、少人数に限ると思っています。

さて、この塾は、女子に専門教育を与える最初の学校です。したがって世間の目にもつきやすく、いろいろな批判を受けることでしょう。もちろん世間の評判などさほど重要ではありません。けれど、あなた方の軽率な行動が女子高等教育の進歩をさまたげるならば、これはまことに遺憾《いかん》なことです。だからくだらない世間の批評にのぼらないようにしてもらいたい。この塾の目的は、英語教師の免許状を望む人々を指導することですが、そのうえで「完《まった》き婦人」（完璧な女性）、すなわちオールラウンド・ウーマンになるように心がけていただきたいと思います」

このように梅子は、大切なのは学校の設備ではなく、教師の熱心と学生の研究心だと語り、個に応じた少人数教育の利点を説《と》き、英語教員になるための英語の修得に加え、広い視野を持つオールラウンド・ウーマンを目指すと高らかに公言したのである。

最初の入学生はわずか十名だったこともあり、学生は原則、学校の寄宿舎に入れた。一つは、家事から解放して勉強に専念させるため。もう一つは、教員が密に生徒に接することで、大きな影響を与えようとしたのだ。実際、梅子は生徒と朝食をともにし、土曜の夜は食事のあとにダンスをしたり、いろいろと語り合った。

女子英学塾は、英語教育のすばらしさがたちまち評判になり、入学希望者が殺到した。明治三十七年には専門学校として認可され、さらに翌年、英語科教員免許の無試験扱いを受けた。女子英学塾を卒業すれば、自動的に英語教員の免許が与えられたのである。

梅子は、厳しい教員だった。少しでも英語の発音が違うと「ワンスモア」と何十回も机を叩きながら繰り返させたという。授業にあたっては徹底的な予習を求め、そのうえで授業中にたびたび学生の意見を求めた。納得できなければ、教員と議論することも許した。自分で考えることの大切さを教えたのだ。

また、卒業間近の学生が盗みを働き、それを自分の仕業だと告白したさい、ほかの教員は温情を与えて「卒業させてあげよう」と言ったが、梅子は「そのような人は教師になるべきではない」と退学処分にしたという。

梅子は学生たちに「学校で得た知識や経験を多くの女性たちに伝え、さらに、女性の能力と価値が信頼を受けるに足ることを社会に証明せよ」と求めた。

こうして女子英学塾からは自立した女性たちが次々と巣立ち、虐《しいた》げられてきた日本女性の地位を大いに向上させたのである。

6　民間外交で大いに活躍した渋沢栄一

令和六年からお札が新しく変わる。一万円札の肖像には「日本資本主義の父」である渋沢栄一《しぶさわえいいち》、五千円札には前項で紹介した「女子教育の先駆者」の津田梅子《つだうめこ》、千円札には「日本細菌学の父」の北里柴三郎《きたざとしばさぶろう》が選ばれた。

およそ二十年周期で紙幣が刷新されてきたが、今回も千円札と五千円札は約二十年ぶり。ただ、一万円札に至っては昭和五十九年（一九八四）に聖徳《しょうとく》太子から福沢諭吉《ふくざわゆきち》になって以来、およそ四十年ぶりの刷新である。

一万円札の顔になる渋沢栄一は、NHKの大河ドラマ『青天を衝け』で有名になったので、その生涯は広く知られるようになった。

渋沢栄一（国立国会図書館所蔵）

武蔵《むさし》国血洗島《ちあらいじま》の豪農の家に生まれ、のちに一橋慶喜《ひとつばしよしのぶ》の家臣となり、慶喜の弟の昭武《あきたけ》が慶応《けいおう》三年（一八六七）にパリ万博に出席するのに随行。ヨーロッパで進んだ諸制度を学んで帰国し、新政府の民部《みんぶ》・大蔵《おおくら》省の官僚として新暦への転換、鉄道の敷設《ふせつ》、富岡《とみおか》製糸場の設置、税制改革、新貨幣制度や国立銀行条例の制定などを矢継ぎ早に手がけてスピード出世する。しかし、明治六年（一八七三）、軍事費をめぐって大久保利通《おおくぼとしみち》と対立し下野した。

同年、第一国立銀行の創設にかかわり、まもなく頭取に就任。その後は大阪紡績会社、王子製紙、東京海上保険など五百社もの設立や経営に参画した。

多くから資本を集め、適切な人材を配置する合本《がっぽん》形態の起業を好み、ワンマン経営や大量の株式を保有することはなく、経営が軌道に乗ると身を引いた。また、東京商法会議所など経済団体をつくり、会頭として政府に実業界の要望を伝えたのである。まさに大実業家というにふさわしい。

ただ、お札の肖像になったのは、それに加えて六百もの社会事業に力を尽《つ》くしたことが評価されたのだと思う。


明治初年から東京市養育院（孤児院《こじいん》）の運営にかかわり、時には私財を提供して多くの少年少女を救い、自立させた。また、東京高等商学校、高千穂《たかちほ》学校、岩倉鉄道学校の創立・支援など、教育分野で精力的な活動を続けた。

明治神宮の創建にも深く関与している。明治天皇が崩御《ほうぎょ》すると、天皇を祀《まつ》る神社を創建しようと有志委員会を立ち上げ、西園寺公望《さいおんじきんもち》首相や原敬《はらたかし》内務大臣など政府の実力者たちにも協力を仰《あお》ぎ、新聞などマスコミも動かし、明治神宮の創建を実現させたのである。

関東大震災でも兜町《かぶとちょう》の事務所と飛鳥山《あすかやま》の自宅が被災したのに、大震災善後会副会長や帝都復興審議会委員として東京の復興に寄与。震災で被災した東京駅近くの常盤橋《ときわばし》周辺を渋沢家の私財で復旧している。

まさに一実業家には到底おさまらないスゴい偉人であり、お札の肖像にふさわしい人物といえるだろう。

今回はそんな栄一が尽力した民間外交について紹介したい。


明治後期に日米関係が悪化すると、栄一は外務大臣小村寿太郎《こむらじゅたろう》から民間の力でアメリカとの関係改善をはかってほしいと依頼された。

栄一は生涯に四度、渡米している。最初は明治三十五年（一九〇二）のこと。このときはセオドア・ルーズベルト大統領と会談し、大統領が日本の軍隊と美術を褒《ほ》めると栄一は、「日本の商工業についても褒めていただけるよう努力します」と粋《いき》な返し方をしたという。

それから二年後に日露戦争が勃発すると、アメリカ国民は日本の外債を積極的に購入して経済的に支援し、ルーズベルト大統領もロシアとの講和仲介の労をとってくれた。

もちろんそれは、単なる親切心からではない。戦後、ロシアが南満洲の利権を日本へ譲った場合、日本政府はアメリカと共同で満洲の鉄道を経営すると約束（桂・ハリマン協定）していたからだった。ところが、土壇場になって日本政府は約束を反故《ほご》にし、満洲を単独経営するという方針転換をしたのだ。

この頃、カリフォルニア州などに日本人移民が多数流入していた。日本人は生魚を食すなど白人と生活習慣が異なるうえ、アメリカの社会に交わろうとせず、安い賃金で長時間働くので、白人たちは職を奪われるかもしれないと心配し、桂・ハリマン協定の反故を機に、アメリカ国内で排日の機運が高まった。

明治三十九年、サンフランシスコ大地震で学校が被災すると、教室が足りないことを理由に日本人学童は公立学校から閉め出され、東洋人学校への転校を余儀なくされた。こうした状況を危惧《きぐ》した小村寿太郎外務大臣は、前述のように、日本を代表する大実業家である渋沢栄一に対し、民間の力で日米関係を改善してほしいと依頼したのだ。

この頼みを快諾した栄一は、明治四十一年、東京・大阪・京都・横浜・神戸などの商工会議所の主催というかたちで、アメリカ太平洋沿岸部の実業家たちを日本に招待し、紅葉《こうよう》館《かん》で歓迎晩餐《ばんさん》会を開き、さらにその後、自宅で彼らをもてなすなど親善につとめた。

翌年、そのお礼としてアメリカの実業家たちが日本の実業家を招待してくれることになった。このとき六十九歳の栄一が渡米実業団の団長となり、五十余名の実業家たちを率いてアメリカに渡ることに決まった。

出立にあたり、まことに異例ながら、外務大臣や総理大臣だけでなく、明治天皇自身が栄一たちを芝離宮《しばりきゅう》に招いて宴《うたげ》を開いている。栄一は「官職を帯びない民間人が外国に赴《おもむ》くにあたり、空前の名誉だ」と感激しているが、それほど当時の日本政府は渡米実業団に日米関係の改善を期待していたのである。

かくして栄一たちは、三か月にわたってシアトル、ワシントン州のバンクーバー、シカゴ、ニューヨーク、ワシントンなど六十近い都市を回り、各地で実業家たちと親睦《しんぼく》を重ね、日本を理解してもらおうとつとめた。タフト大統領とも会談しており、このおり、栄一は実業団を代表して次のような演説をしている。

「アメリカに来て三週間になります。行く先々で歓迎を受け、あらゆる便宜を与えられ感謝いたします。この間、豊富な天然資源の開発にかけるアメリカ人の精力や知識に感嘆しました。日本がアメリカによって文明社会の仲間入りをして半世紀、両国民の交情は年々強くなり、日本に災害があったとき、アメリカは大いに援助をしてくれました。ですから日本国民は、アメリカに好感情を抱いています。私は何の官職も帯びない、ある意味、日本国民が貴国民に対して派遣した平和の使節です。両国の友誼《ゆうぎ》をさらに強固にするのが日本国民の希望であり、そのためにやってきました。そして、その気持ちはアメリカ人も同じであることを各地をめぐるうちに確信しました」

ちなみにこのおり栄一は、ニューヨークにあるエジソン電気会社を訪問し、エジソン夫妻とも会い、以後も交流を深めている。

大正十一年（一九二二）二月十一日には、帝国発明協会名義で栄一が主催し、多くの関係者を招いてエジソンの七十五歳の誕生日を祝う祝賀会を開いている。もちろんアメリカ在住のエジソンはその場にはいないが、二百名以上が参加する盛大な会となった。

このときの挨拶で栄一は、エジソンが電灯や蓄音機《ちくおん》、活動写真などを発明し、人類に幸福と恩恵を与えたことを大いに讃《たた》えている。

そしてエジソンに対し、このときの模様を撮影した映画フィルム、人々の祝辞を吹き込んだレコード、そして卓上電気スタンドをプレゼントしたのである。周知のように、これらはすべてエジソンが発明したものであった。とくに電気スタンドは、奈良時代の燭台《しょくだい》を模倣した蒔絵《まきえ》のすばらしい逸品だった。

この粋なプレゼントを受け取ったエジソンは大いに感激し、「すばらしい名誉を与えてくれて感謝に堪《た》えない。日本の諸友人に対し、心より感謝する」という礼状を送っている。

栄一もなかなか心にくいことをする。

このように日米の民間交流に尽くした栄一だったが、中国をめぐってアメリカとの関係は悪化の一途をたどっていく。このまま関係が悪化すれば、日米戦争もあり得る。けれど栄一は、戦争が国の経済を助けるという考え方を明確に否定し、「平和こそが経済を発展させ人々を幸せにするのだ」という信念を持っていた。

そこで日米同志会、日米協会などをつくって民間の立場からアメリカとの関係改善に尽力し続けたのである。

しかし関係悪化に歯止めはかからず、大正十三年には排日移民法がアメリカ議会を通過し、日本人移民の受け入れは拒絶されることになった。

そんな状況下の昭和二年（一九二七）、親日家の宣教師シドニー・ギューリックが「親善は気長にやらなくてはいけない。まずは両国の子供たちが相知り親しむことが必要だと思う。そこで日本の子供にアメリカの人形を送りたいのだが」と栄一に相談を持ちかけてきた。

喜んだ栄一は、日本国際児童親善会を創設、日米間で人形の交換による親睦をはかったのである。残念ながら十数年後、日米両国は全面戦争に突入してしまった。とはいえ、栄一の進めた日米親善民間外交には大きな意義があり、平和希求の精神は現代の私たちも見習うべきだろう。

4章　教科書に載らない意外で驚きの日本史

1　日本史にまつわる「色」の話

日本史の教科書には、まったく「色」の話は登場しない。これを読んで、「当たり前だ。子供たちが学ぶ教科書にエロチックな男女の色事の逸話なんて載せるはずないだろう」そう立腹したあなた、それは大きな勘違いというもの。私が言っているのは、男女の性愛の話ではなく、英語でいう「カラー」についての歴史のことである。

どの時代にどんな色が流行したのか、なぜその色がその芸術作品に使用されたのかといったことは、一切、登場しないという意味。

けれど、もし世界がモノクロだったら、こんなに味気ないことはないだろう。さまざまな色がついているから美しいのだ。青い海、鮮やかな新緑、真っ赤な夕陽……。色というのは、私たちに安らぎやパワーを与えてくれる。

じつは原始・古代の日本人も、色には力が宿ると信じていた。

とくに彼らが愛した色は、赤（朱《しゅ》）であった。太陽の赤、炎の赤、そして血の赤――まさしく赤はエネルギーとして認識されたのだ。だから、縄文時代の土器や櫛《くし》には朱色の漆《うるし》が施されたものが多いし、邪馬台国《やまたいこく》の女王卑弥呼《ひみこ》も赤が好きだったらしく、魏《ぎ》に使いを送ったさい、皇帝に鉛丹《えんたん》（朱）の下賜《かし》をねだっている。

古墳時代も赤は特別な色だった。古墳の石室内は大量の赤で染まっているからだ。棺《ひつぎ》の周りだけでなく石室内一面に、水銀朱やベンガラ朱、ベニバナ朱をまき散らしてある。一見すると、凄惨《せいさん》な殺人現場のようだが、彼らは赤を魔除《まよ》けの色、死者再生の色と認識していたらしい。もし通夜や葬儀会場を真っ赤に配色したり、お墓を真っ赤にしたら、日本人は驚きあきれるかもしれないが、中国や東南アジアの葬儀は、いまでも赤や黄色が多く配色され、かなりド派手な印象だ。

ちなみに古墳のほとんどは泥棒による侵入穴があり、副葬品は盗掘されてしまっている。ただ、副葬品ではなく、石室内にばらまかれている赤い塗料をねらう者もいた。

たとえば山田市治郎編『絵具染料商工史』（大阪絵具染料同業組合）によれば、嘉永元《かえい》年（一八四八）に農民二人が山陵村《みささぎ》（現在の奈良市の一部）の古墳から六キロほどの朱を掘り出し、四両一分で売り払ったことが露見し、奈良奉行所《ぶぎょう》に捕縛され、吟味《ぎんみ》の結果、磔《はりつけ》に処せられたという。どうやら古墳の朱は、江戸時代、高級塗料として売買されていたようだ。ずいぶん重い処罰だが、あばいた古墳が貴人のものであったらしい。

ところで古墳時代の天皇は、崩御《ほうぎょ》後すぐに古墳に葬られるわけではない。殯《もがり》といって、仮の遺体安置所（殯宮）をつくり、棺に納めた遺体とともに遺族はかなり長い間、生活をともにするのである。ただ、なかに入ることができるのは、皇后など近親の女性たちや葬儀を専門とする集団に属する人々だけであった。大臣クラスであってもなかに入ることは許されなかった。

死者に対しては、あたかも生きているときと同様、食事を提供する。敏達《びだつ》天皇は五年八か月、斉明《さいめい》天皇は五年三か月という間、殯がなされている。おそらく、遺体は朽《く》ち果て白骨化・ミイラ化していたことだろう。ただ、なぜ殯をするのかはわかっていない。

古墳をつくるのに時間がかかり、長期化したのではないかという説。亡くなった天皇の葬儀をとりおこなう次の天皇を決めるまで時間がかかったからという説。ふたたび生き返るかもしれないのでしばらく安置したという説などがある。

なお、殯のさい、遺体には朱を塗ったり、木棺内にふりかけたという。これは魔除けに加えて、防腐のためだったと考えられている。

ともあれ、いつから日本の葬儀や墓所から赤色が消えたのかわからないが、徳川《とくがわ》将軍の廟所《びょうしょ》は赤や金が多く用いられているので、おそらく明治時代にヨーロッパの葬儀文化が浸透して赤色を欠落させてしまったのだろう。

さて、歴史上、最も多く人の命をうばった感染症の一つは、天然痘《てんねんとう》（疱瘡《ほうそう》・痘瘡《とうそう》）である。致死率が高い恐ろしい病気だ。私も天然痘のワクチンを接種した跡が腕に残っている。幸い、人類の叡智《えいち》でこの病は撲滅されたが、昔の人々は罹患《りかん》したら神に祈って自然回復を待つしかなかった。幕末に種痘が発明されて状況が激変したことは先に詳しく述べたが、神頼みの一つが疱瘡絵を所持したり、家に貼ることだった。

疱瘡絵は、疱瘡の予防や治療に効果があるとされ、罹《かか》ってしまった場合も、所持していると軽く早く治るとされた。つまり、疱瘡に対する護符なのである。この疱瘡絵は、赤一色で摺《す》られている。だから赤絵とも呼ぶわけだが、その理由は説明するまでもないだろう。先述のとおり、赤のパワーによって疱瘡の罹患を防ぎ、あるいは体から疱瘡神（疫病神《やくびょうがみ》）を追い出すという願いがこもっているのである。なお、その絵柄も素戔嗚尊《すさのおのみこと》や源為朝《みなもとのためとも》、加藤清正《かとうきよまさ》など勇者とされる者たちが描かれている。

ちなみに江戸時代は、赤い珊瑚《さんご》（実際は桃色に近い）を櫛や簪《かんざし》、印籠《いんろう》や煙草《たばこ》入れの飾りとしたが、やはりこれも魔除けの効果があると考えられた。

なお、戦国時代になると、日本人がこれまで見たことのないような、深い赤色が入ってくる。南蛮人がもたらした「猩々緋《しょうじょうひ》」である。猩々は、真っ赤な長い毛で覆《おお》われた猿のごとき伝説の動物。顔は人間で、言葉も理解し、酒を好むという。そんな猩々の体毛を連想させる深紅なので「猩々緋」と呼ばれたのだが、その染料はメキシコのサボテンに寄生する「コチニール」という虫からとった色素だった。豊臣秀吉《とよとみひでよし》はそんな猩々緋の羅紗《らしゃ》（ウール）の陣羽織を好んで身につけたという。

さて、ここまで赤尽《づ》くしの話になってしまったが、近年、ブラック校則が話題になっている。とくに「下着の色は白にかぎる」という規則は、大きな波紋を呼んでいる。

私も二十七年間の教師生活で、校則に従ってスカートの丈の長さ、茶髪や下着などを指導してきた。前にいた学校でも下着の色は白と決まっており、ワイシャツから透けて見える色つきの下着を注意した経験もある。もちろん校則なので仕方なく指導しているわけで、こうした校則が消えて一番喜ぶのは、じつは現場の教員だと思う。

ただ、下着の色を制限するという非常識な規則は、じつは日本の伝統ともいえるのだ。飛鳥《あすか》時代あたりから、国家が使用してよい服の色を制限し始めたのである。

その淵源は、推古《すいこ》朝に制定された冠位十二階《かんいじゅうにかい》にさかのぼる。豪族個人の功績や才能に応じて階級を与える制度だが、階級により冠の色を変えた。最高位の大徳《だいとく》は濃紫。そのあとは階級順に小徳《しょうとく》が淡紫、大仁《だいにん》が濃青、小仁《しょうにん》が淡青、大礼《だいらい》が濃赤、小礼《しょうらい》が淡赤、大信《だいしん》が濃黄、小信《しょうしん》が淡黄、大義《たいぎ》と小義《しょうぎ》はともに白、大智《だいち》が濃黒、小智《しょうち》が淡黒となる。

ただ、淡黒が恥ずかしいからといって、勝手に高位な紫色の冠をつけることは許されなかった。奈良時代になると、身につけることができる色がさらに制限されていく。これを「禁色《きんじき》」と呼ぶが、その代表が「黄櫨染《こうろぜん》」、「青白橡《あおしろつるばみ》」、「赤白橡《あかしろつるばみ》」、「黄丹《おうに》」だろう。

これらはいずれも皇族にしか許されぬ色とされ、とくに「黄櫨染」（現代の感覚で表現すると赤茶色）については、儀式における天皇の束帯《そくたい》の袍《ほう》（正装の上衣）に用いる色で、天皇の象徴色とされた。

ちなみに当時、庶民が許されたのは特定の黄と黒ぐらいで、朝廷の労働に駆り出されるときは、茶色の服を着用する決まりになっていた。その色を「橡《つるばみ》」と呼んだ。橡はクヌギのことで、クヌギなどのドングリの実を煮た汁で染めたことに由来する。

だが、庶民だって色を楽しみたい。このため人々は決まりを守らなくなり、平安時代には、なし崩し的に色の使用制限がゆるめられていった。

一方、自由に色を使える平安貴族は、原色を嫌い淡い色を好んだ。そして重色目《かさねいろめ》や合色《あわせ》目といって、服の表と裏地に違う色を組み合わせるようになる。

人気があったのは「桜」。表が白、裏地には二藍《ふたあい》か紫を用いる。二藍は、藍染めしてからもう一度紅花《べにばな》で染めた青っぽい紫色だ。そうすると、「桜」は見た目、薄く紫がかった白に見える。まさに桜の花びらの色といわけだ。

このように平安貴族は、表と裏の色を組み合わせてバリエーションを楽しんだのだ。

清少納言《せいしょうなごん》は「指貫《さしぬき》は紫の濃き、萌葱《もえぎ》、夏は二藍、いと厚きころ、夏虫の色したるも、涼しげなり」（『枕草子《まくらのそうし》』）と述べている。指貫とは袴《はかま》のことで、清少納言は濃い紫色や萌葱色（明るい緑色）の袴を好んだようだ。暑いときは夏虫の色とあるが、これは青蛾《せいが》の羽の色で、薄緑色のことだ。

鎌倉幕府のもとで武士たちは平安貴族と異なり、緑系、青系、褐色《かっしょく》系など、堅実で落ち着きのある色を好んで身につけた。人気色は「比金襖《ひごんあお》」や「海松《みる》」。ともに萌葱色を暗くしたような色だ。また「褐色」は、藍染めによる濃紺色である。

さらに室町時代の東山《ひがしやま》文化のころになると「侘《わ》び、寂《さ》び」といった禅思想が色彩にも及び、とくに水墨画が大流行したので、黒や灰色が人気となった。古代、黒は身分の低い者が身につけていたが、公家や武士は衣服を黒や灰色を基調として、金色や朱色などをアクセントカラーにするのがはやった。

ところが、織田信長《おだのぶなが》や豊臣秀吉が活躍した桃山時代になると、金色が爆発的に流行する。城の天守に金色の鯱《しゃちほこ》が配され、金箔を貼ったキャンパスに原色を使った鮮やかな絵を描く障壁画が城内を満たした。秀吉は京都に聚楽第《じゅらくてい》（壮麗な邸宅）を建てたが、その瓦には金箔を施した。まさに黄金色がこの時代の代表色であった。

この時期、侘茶《わびちゃ》を大成した千利休《せんのりきゅう》だが、日本人はよほど利休を好んだようで、江戸時代、彼にちなんで「利休鼠《ねず》」、「利休生壁《なまかべ》」「利休茶」といった色が生まれた。「利休」を冠する色は、元の色に緑を加えたもの。たとえば「利休鼠」は鼠色（灰色）に緑を加えて彩度を鈍くし、落ち着きを出している。本当に利休が緑を加えるのを好んだわけではなく、「利休→茶の大成者→茶は緑色」というイメージから来たらしい。

江戸時代になると、茶色と鼠色（灰色）が爆発的に流行する。これは江戸幕府がたびたび奢侈《しゃし》禁止令を出して派手な衣服も厳しく取り締り、庶民が紅や紫の服を着ることを禁じたからだった。つまり人々は仕方なく、茶色や鼠色系統の地味な色を身につけるようになったのだ。

とはいえ、遊び心がある彼らは、茶色や鼠色でも、微妙な色相の違いを数多くつくり出し、そのバリエーションを楽しんだのである。しかも、それらに風月山水や歴史的人物、人気歌舞伎役者の名をつけた。こうして、いわゆる「四十八茶百鼠《しじゅうはっちゃひゃくねず》」と呼ばれる多様な茶色と鼠色が生み出されていった。

たとえば鼠色も、桜鼠、銀鼠、利休鼠、深川鼠、浪花鼠《なにわ》、黄鼠、源氏鼠、松葉鼠、鴨川鼠、牡丹鼠《ぼたん》など数え切れないほど。

茶色も同様だ。ちなみに「路考茶《ろこう》」は、緑がかった茶色だが、路考というのは瀬川菊之丞《せがわきくのじょう》という歌舞伎の人気女形の俳号。菊之丞が舞台でこの色の小物を使ったため、女性ファンがまねて流行するようになったのだ。「団十郎茶《だんじゅうろう》」は、市川《いちかわ》団十郎が好んだことに由来する。色的には赤茶色。現在も歌舞伎の三色の引き幕の茶色には、団十郎茶が用いられている。

ただ、人々は地味な色に大胆な縞《しま》模様や格子《こうし》模様、時には雪の結晶柄を入れたり、こっそり裏地に赤や絹地を配するなど、密《ひそ》かに権力に抵抗することも忘れなかった。

以上、古代から近世までの色の変遷を紹介したが、それぞれの時代に色の流行《はや》り廃《すた》りがあり、日本人がさまざまな色を堪能《たんのう》していたことを理解していただけたと思う。

2　江戸時代に温泉を経営した高田藩の涙ぐましい改革

赤倉《あかくら》温泉（上越市）は、瀬波《せなみ》温泉（村上市）と並んで、私のお気に入りの新潟県の温泉だ。ただ、瀬波温泉が明治時代に開発されたのに対し、赤倉温泉のほうは江戸時代にまでさかのぼるうえ、なんと藩営という極めて珍しい運営形態がとられていた。そうなったのには深い事情があった。

赤倉温泉を経営する越後高田《えちごたかだ》藩の榊原《さかきばら》家は、榊原康政《やすまさ》を祖とする家柄である。康政は、酒井忠次《さかいただつぐ》、本多忠勝《ほんだただかつ》、井伊直政《いいなおまさ》と並んで徳川四天王《とくがわしてんのう》と呼ばれ、晩年は主君家康《いえやす》から館林《たてばやし》十万石を与えられる大大名に成り上がった。さらに同家は加増されて白河《しらかわ》に十四万石、そのあとは姫路《ひめじ》十五万石を賜《たまわ》り、いったん越後村上《むらかみ》へ移封となったものの、当主が政邦《まさくに》の宝永《ほうえい》元年（一七〇四）にふたたび姫路に戻ってきた。まさに名家中の名家だった。

そんな榊原家にバカ殿・政岑《まさみね》が登場したことは、拙著『禁断の江戸史』（扶桑社新書）で詳しく述べた。改めて概略を紹介すると、享保《きょうほう》十一年（一七二六）に榊原政邦が歿し、嫡男《ちゃくなん》の政祐《まさすけ》が家を継いだものの、二十八歳の若さで死去。後継者がいなかったので、縁戚の旗本（千石）榊原勝治《かつはる》の子である政岑（十八歳）が遺領を継ぐことになった。

ところがこの政岑がバカ殿で、贅沢《ぜいたく》三昧に暮らし、さらには行列をつくって頻繁《ひんぱん》に江戸の吉原《よしわら》や京都の島原《しまばら》へ通うようになった。そしてついには、吉原の高尾太夫《たかおだゆう》を二千五百両の大金で身請《みう》けした。しかもこのとき三千両の大金で吉原中の遊女を総揚げしてどんちゃん騒ぎをし、次の朝、政岑は高尾を伴い行列をつくって上野の池之端《いけはた》にある榊原家の下屋敷まで練り歩いたというのだ。総上げの金額については史実かどうかは怪しいところがあるが、政岑が遊女たちを次々と身請けしては側室にしていたのは事実だった。

時はあたかも倹約を旨《むね》とする享保《きょうほう》の改革がおこなわれているさなか、この噂を聞いた将軍吉宗《よしむね》は立腹し、寛保《かんぽう》元年（一七四一）に政岑に強制隠居を命じたのである。名門ゆえ榊原家の存続は認め、政岑の八歳の嫡子政純《まさずみ》の家督相続を認めたものの、姫路から越後高田へ転封してしまった。

越後高田藩の表高は十五万石で姫路時代と同じだったが、実収はわずか五万石に過ぎなかった。たびたび冷害や大地震などの自然災害に見舞われ、年貢《ねんぐ》収入が滞《とどこお》りがちになっていたからだ。結果、バカ殿政岑のせいで、子孫や藩士たちはひどい迷惑を被《こうむ》ったのである。

藩主はその後政永《まさなが》（十歳で早世した政純の身代わり）、その子政敦《まさあつ》へと移り、文化《ぶんか》七年（一八一〇）に政敦の嫡男政令《まさのり》が十一代藩主に就任した。しかしこのとき高田藩は三十三万両という莫大な借財を抱え、完全に財政は傾いてしまっていた。

もちろん、先々代の政永や先代の政敦とて何もしなかったわけではない。藩士に対し減給を強《し》いるだけではなく、時には藩士の解雇さえ辞さなかった。農民への増税や領内富裕層からの献金強制など、財政好転への涙ぐましい努力を重ねていた。けれど、巨額な借財の前に、そうした勤倹や増収策は雀の涙でしかなかった。

三十五歳の壮年で藩主についた政令は、「榊原家は先祖の功によって高い地位に列している。だが、家計が成り立たず、もし変乱が起これば徳川家の役に立てず、恥辱を受けることになる。先祖に面目が立たない」と考え、藩政改革によって必ずや財政を再建しようと強く決意する。

それがよく表れているのが、文化八年の初めてのお国入りである。政令はこのおり、なんと江戸から高田までの三〇〇キロ近い道程を駕籠《かご》や馬に乗らず、草鞋《わらじ》履《ば》きで歩き通して高田城へ入り、家臣らを唖然《あぜん》とさせたのだ。もちろんそれは、倹約を身をもって家中に示すためだった。その後、家中に大倹約令を発し、己の食事は一汁一菜、服は木綿のみとし、文具や諸道具も「心を注ぎ物を用ふれば、粗物《あらもの》と雖《いえど》も皆珍とすべし」（岡谷繁実著『続名将言行録』文成社）と述べ、一切新調しなかった。

ただ、己だけでなく家臣にも厳しかった。政令は「藩政は人体と同じである。指が腫《は》れても足を怪我《けが》しても、健全な体といえない。指や足にあたる家臣が怠慢《たいまん》であっては、健全な藩政はできぬ。ゆえに手足は、己の全力を尽《つ》くして私を補佐せよ」と述べ、家中に対して「今後、囲碁や将棋などの遊芸も禁止する」と通達した。また、「外から来る賊《ぞく》より恐ろしいのは、内に巣食う賊である。ゆえに互いに精進《しょうじん》して内の賊を防げ」と訓告するなど家臣たちを鼓舞《こぶ》し、賞罰を厳《げん》にした。とくに役人の不正は決して許さなかった。

政令はよく狩猟を口実に領内を視察して歩いたが、あるとき農民が向こうから米を運んできた。政令が年貢米か売り米かと声をかけると、農民は「年貢米ですが良米なのに、お役人様は毎年、不良米だと査定します」と告白する。そこで政令はその場で米を少しもらい、その役人に何も言わずに査定させたところ、「良米」だと明言した。この瞬間、政令は役人の私曲《しきょく》を糺《ただ》し、首にしたのである。

もちろん、政令も質素倹約だけで財政が再建できるとは考えておらず、「我が藩に武士は食わねど高楊枝《たかようじ》という余裕はない。武士は算盤《そろばん》をはじくべきだ」と公言した。

そして、家臣らが人目を忍んでおこなっていた内職を積極的に奨励したため、藩士らはプライドを持って内職に励むようになったという。

堂々と武士が金を稼ぐことを奨励するというのは、当時としてはなかなか画期的なことだといえた。

さらに政令は、有能な人材を抜擢《ばってき》して領内において積極的な殖産興業《しょくさんこうぎょう》政策を推進し、財政を立て直そうと考えた。なかでもユニークなのが、冒頭に述べた赤倉温泉の開発である。

妙高山《みょうこうさん》の山麓《さんろく》・地獄谷《じごくだに》から湧出《ゆうしゅつ》する源泉を、なんと、五百本の大竹を組み合わせた管で七キロ離れた場所まで引き込み、温泉場をつくるという壮大な計画を立てたのだ。

温泉場の創設を藩士の松本斧次郎《まつもとおのじろう》を介して政令に願い出てきたのは庄屋の中嶋源八《なかじまげんぱち》であった。だが当時、泉源である妙高山は、修験者《しゅげんじゃ》（山伏）の道場として宝蔵院《ほうぞういん》が管理し、一般の入山は認められていなかった。

しかし政令は宝蔵院にかけ合って、温泉使用料や迷惑料千百両を支払うことで温泉の開発を認めさせたのである。総費用はおよそ三千二百両。藩庁もこの開発に二千俵の米を貸与した。こうして赤倉温泉は文化十三年に誕生した。その後、続々と温泉宿もつくられた。

温泉場は北国《ほっこく》街道二俣宿《ふたまたしゅく》からわずか三キロのところにあり、善光寺《ぜんこうじ》参りや京都参詣、お伊勢《いせ》参りの通過地点だった。周知のように十九世紀には庶民も寺社参詣《さんけい》や湯治《とうじ》を名目として長旅をするようになり、北国街道を往復する旅人は爆発的に増えていた。このあたりのブームも見込んだうえでの開発だったのだろう。開設当初から赤倉温泉には年間一万人以上の湯治客が殺到し、すぐに損益は相殺され、大きな利益があがったといわれる。

この赤倉温泉は日本初の藩営温泉だったが、やがて政令は、温泉を民間の温泉組合に払い下げており、領民に大いに感謝されたと伝えられる。

政令の藩政改革は、温泉開発だけでなく多岐にわたった。

田畑を風害から守るため犀浜《さいはま》沿岸に七キロにわたって松を植えて防風林をつくったり、妙技山《みょうぎさん》麓の笹《ささ》ヶ峰《みね》の原野を開拓して牛馬の牧場を設置したり、水はけの悪い頸城《くびき》郡大潟新《おおがたしん》田《でん》を改善するため新堀川《しんぼりがわ》を開削したりしている。なかでも稲荷中江《いなりなかえ》用水の開削については、塚田五郎右衛門《つかだごろうえもん》という豪商の資本を利用している。この用水は二〇キロにおよぶ長大なもので、水田五百町を潤《うるお》したのだった。殖産興業策としては、馬鈴薯《ばれいしょ》（じゃがいも）の栽培を盛んにし、これを原料に葛《くず》粉を製造、かまぼこの材料として各地へ移出した。

このような諸政策の結果、領内の農業は安定的に発展、藩庫も黒字に転じていった。

政令は、領民を非常に大切にしたことでも有名である。たとえば、領内で間引き（経済苦からの新生児殺し）が盛んにおこなわれている現状を悲しみ、この風習を禁止するとともに、豪農の拠出金と藩主の貸金を運用した利子を貧民の育児・養育料にあて、子供たちの命を救おうとしたのである。

また、各地に義倉《ぎそう》を設けて穀物を蓄えさせたので、全国的な天保《てんぽう》の飢饉《ききん》が発生したさい、越後高田藩ではただの一人も餓死者を出さなかったのみならず、松代《まつしろ》藩、二本松《にほんまつ》藩、秋田《あきた》藩などへ救援物資を送り、かつ、幕府にも五千俵の米を寄付することができたという。

政令は領国にいるときには、町医者や町の按摩を呼び、彼らから直接領民の生活状態や暮らし向きなどを聞き、常に善政につとめたといわれる。

文政《ぶんせい》十年、政令は嫡男政養《まさきよ》に家督を譲って引退するが、実際は政養、次の政愛《まさちか》の時代も藩政を掌握しつづけ、その治世はなんと半世紀に及んだ。

文久《ぶんきゅう》元年（一八六一）、政令は八十六歳で死去したが、江戸の本所《ほんじょ》に屋敷を構えたことから政令は本所様と称されてその遺徳が領民に慕《した》われ続け、やがて明治の世になると、神様として藩祖康政とともに高田榊神社《たかださかき》に神として祀《まつ》られることになったのである。

3　歴史の史料に登場するUFOの記録とは?

アメリカ国防総省と国家情報局長官室は、二〇二一年六月二十五日にUFO（未確認飛行物体）の報告書を公表した。そう、ついにアメリカがUFOの存在を公式に認めたのだ。

なお、百四十四件の事例のうち一件を「しぼんだ巨大な風船だった」と断定したが、そのほかについては、いろいろな可能性を指摘したものの、結局、UFOの正体はわからないという内容だった。とはいえ、宇宙人の乗り物である可能性も排除しなかったのである。

数年前までアメリカは、UFOの存在自体を頑《かたく》なに否定していたのだから、まさに画期的な出来事といってよいだろう。オカルト少年だった私としても、とても嬉しい事件である。

そこで本項では、日本史に登場するUFOと宇宙人の話をしたいと思う。

昔の物語には、それを思わせる記述がいくつも登場する。

代表的なのは『竹取物語《たけとりものがたり》』であろう。主人公のかぐや姫は、まさに月に住む宇宙人の話といってよいかもしれない。最後は迎えが月からやってきて一緒に月へ帰っていくわけだが、そのときの場面は印象的だ。

夜半、かぐや姫のいる屋敷の周りがにわかに明るく輝き、空から雲に乗った人々が降りてくるが、地には降り立たない。地上一・五メートルのところで空中浮揚しているのだ。さらに彼らは、屋根の上に「飛車《とびぐるま》」なるものを近づけ、彼女をそれに乗せて飛び去っていく。そう「飛車」というUFOが登場するのである。

この『竹取物語』は少なくとも十世紀半ばには成立していたというから、一千年以上前には存在していたお話なのだ。

十二世紀に成立した国宝『信貴山縁起絵巻《しぎさんえんぎえまき》』の「飛倉《とびくら》の巻」にも、UFOを匂わせる話が登場する。

信濃《しなの》国（長野県）の命蓮《みょうれん》は信貴山に小堂を立てて毘沙門天《びしゃもんてん》像の前で修行に励んでいた。この僧侶、鉢を飛ばして京都郊外の山崎に住む長者からお布施《ふせ》を受けていた。なんとも奇妙な話だが、飛んできた鉢のなかに米を入れると、勝手に鉢が信貴山へと戻ってくるというのだ。

だが、あるとき長者は鉢を米蔵のなかへ入れて鍵をかけてしまう。すると蔵が大きく揺れて鉢が外へ飛び出し、その鉢は蔵を持ち上げ、そのまま信貴山へと飛び去っていったのだ。仰天した長者は、命蓮に蔵を返してほしいと頼むと、「蔵は返せないがなかの米俵は返してやろう」といい蔵へ向けて鉢を飛ばした。その鉢は米俵一つを載せて飛び上がるが、すると、それに従ってあとから多くの米俵が空に舞い上がり、そのまま鉢に続いて長者の屋敷へと戻っていったのである。その絵巻を見ると、まるで鉢は小型のＵＦＯのようだ。

ちなみに、池田隆雄氏によれば、ＵＦＯに関する最古の記録は『扶桑略記《ふそうりゃっき》』（十二世紀末～十三世紀に成立した歴史書）に載る五九六年の記事だという（大島清昭著「ＵＦＯ学から見た『武江年表《ぶこうねんぴょう》』の空中現象」『現代民俗学研究　第8号』所収）。

そこで実際に原本を確認してみたところ、確かに摩訶《まか》不思議な記述があった。意訳して紹介しよう。

「法興寺《ほうこうじ》（現在の元興寺《がんこうじ》）が創建され、推古天皇が臨席して寺院建立の供養会《くようえ》を催したとき、にわかに花蓋《かがい》の形（お椀型）をした紫雲《しうん》が天から降りてきて塔や仏堂の上を覆《おお》い、五色に色を変え、さらに龍や鳳凰《ほうおう》、人間や家畜のように形を変化させたのち、西の空へと飛び去っていった。人々は合掌《がっしょう》しながらこれを見送った」

「池田は他にも『帝王編年記《ていおうへんねんき》』『法成寺摂政記《ほうじょうじせっしょうき》』『皇年代私記《こうねんだいしき》』『百錬抄《ひゃくれんしょう》』『新補倭年代記《しんぽやまとねんだいき》』『看聞御記《かんもんぎょき》』『大乗院日記目録《だいじょういんにっきもくろく》』『後太平記《ごたいへいき》』にＵＦＯに関する記述がある」（『前掲書』）と

いう。このように未確認飛行物体についての記述は、史料の至るところに散見されるのである。

大島清昭氏は、江戸時代後期の町名主斎藤月岑《さいとうげっしん》が著した『武江年表』（編年体の江戸・東京の地誌、年表）から未確認飛行物体である「光物」と記された十八例を詳しく分析し、その多くが隕石《いんせき》、火球《かきゅう》、地震のさいの発光だった可能性を指摘している。おそらく、そのとおりなのだろう。でも、UFOの可能性も捨て切れない。

というのは、UFOで不時着した宇宙人に遭遇したことを想像させる享和《きょうわ》三年（一八〇三）の記録や絵図がいくつも存在するからだ。そのうち『兎園小説《とえんしょうせつ》』に出てくる文章をもとに、この話を紹介していこう。

『兎園小説』とは、兎園会で出た話をまとめた書物。曲亭馬琴《きょくていばきん》ら文人たちが文政《ぶんせい》八年（一八二五）から兎園会なるグループをつくって月に一度集まり、互いに紹介した不思議な話や怪談を本として編纂したものである。

世に「うつろ舟」と呼ばれる事件が発生したのは、『兎園小説』によれば享和三年二月二十二日正午頃のこと。常陸《ひたち》国（現在の茨城県）はらやどり（旗本小笠原越中守《おがさわらえっちゅうのかみ》の領地）

という浜辺で、沖合に舟のようなものが浮いているのが見えた。そこで浦人《うらびと》たちが多数の小舟を出して浜辺まで引っ張ってきた。

その舟は五・五メートルを超える丸い箱形で、上部はガラス障子のように透明で、松脂《まつやに》のようなものを塗り詰めて接着されている。舟の底は鉄の板を段々に筋のように張ってある。岩にぶつかっても砕かれないのは、このためだと思われる。舟の上部の透明な部分から内部が透けて見えたので、浦人たちがこぞってなかを覗《のぞ》いてみると、なんと、「異様なる一人の婦人」がいたのである。

その髪と眉《まゆ》は赤く、顔は桃色だった。頭髪は假髪《かはつ》（かもじ。エクステンション）で飾られ、白くて長く、背中に垂れている。

女性を見た浦人の頭目は、「自分が見たことがある人種紹介の項目に、ロシア人女性は服は筒袖《つつそで》で、腰より上を細く仕立ててあり、髪に白い粉を塗って結んでいるという。この女は頭髪が白いから、きっとロシアに属する婦人ではないか」と言った。だが、それを示す証拠はなく、言葉も通じないので、結局どこから来たのかわからない。

女性は六十センチほどの箱を片時も離さずに大事そうに持ち、決して人を近づけようとしなかった。浦人たちは船内に入って、内部を臨検したが、水が二升ばかり小瓶に入れてあった。敷物が二枚あり、菓子のようなものもあり、肉を練ったような食べ物もあった。

浦人たちは集まって、この不思議な乗り物と女性について話し合ったが、このとき古老が次のように述べた。

「この婦人は、南方異民族の王女に違いない。結婚したのち、不倫したので密夫は処刑されたが、さすがに王女なので殺すには忍びない。そこでこの舟に乗せて海に流し、生死を天に任せたのだろう。きっと大事そうに持っている箱の中味は、不倫した男の首だろう。昔も同じように舟に乗った女が漂着したことがあり、船内のまな板のようなものの上に生々しい男の首があったという伝承がある。それを考えれば、やはり箱には男の生首が入っているはず。だから彼女は愛《いと》しく思って手放さないのだ。いずれにせよ、この事実を御上に伝えたら、費用もかかり、ご迷惑にもなる。かわいそうだが、もとのように舟に乗せて沖に流してしまおう」

こうして舟はふたたび海に戻されてしまったのである。

『兎園小説』には、その女性の姿と舟のイラストが描かれているが、舟は私たちのイメージする空飛ぶ円盤にそっくりだ。ちなみに、ほかにもこの事件の絵図がいくつも存在するが、極めて構図が似ていることから、もともと原図があって、それを人々が写していったのだと思われる。

　なお、事件が起こった「常陸国はらやどり」という地名について、これまでは判明していなかった。だが、平成二十六年（二〇一四）、この事件の研究の第一人者である岐阜大学の田中嘉津夫名誉教授がその場所を特定した。

『茨城新聞』によれば、甲賀《こうが》流忍術伴《ばん》党二十一代宗家で忍術研究家でもある川上仁一三重大学特任教授の所持する伴《とも》家文書のなかに、事件のことが記されており、その場所は伊《い》能《のう》忠敬《ただたか》の地図のなかの地名と一致したのである。

　それは、現在の神栖《かみす》市波《は》崎《さき》舎利《しゃり》浜《はま》にあ

矢野玄道文庫『兎園小説』に収録された「うつろ舟の蛮女」挿絵（大洲市立図書館所蔵）

たる「常陸原舎り濱」で、当時は無住の地だったという。なお、神栖市内の蚕霊《こだま》神社や星福寺《せいふくじ》には、天竺《てんじく》から丸木舟に乗った金色姫《こんじきひめ》が漂着し、世話になった人々に養蚕《ようさん》技術を伝えて天に戻っていったという伝承がある。

田中氏は、この伝承と「うつろ舟」事件との関連を指摘している。

ともあれ、何とも不思議な事件だが、おそらく何らかの漂流事件があり、それに尾ひれがついて「うつろ舟」の話が各地に広まっていったのではないだろうか。

オカルト少年だった私としては、宇宙人の乗ったＵＦＯの漂着事件だったら面白いと思う次第である。

4　日本で初めて生活協同組合をつくった？　大原幽学という謎の人物

学校で絶対習ったはずなのに、忘れ去られてしまう影の薄い人物がいる。大原幽学《おおはらゆうがく》もその一人だろう。幽学はすべての高校日本史の教科書（通史の日本史Ｂ）に掲載されている人物で、なおかつ、最重要とされるゴチック体（太字）で登場することが多い。

だが、あなたは大原幽学について、どんな業績を残したかをしっかり説明できるだろうか。

ほとんどの人は、説明できないのではないかと思う。

では、実際にいくつか、教科書の記述を見てみよう。

「二宮尊徳《にのみやそんとく》（金次郎《きんじろう》）の報徳仕法《ほうとくしほう》や大原幽学の性学《せいがく》のように、荒廃田を回復させて農村を復興させる試みが各地でみられた」（『詳説日本史B』山川出版社）

「疲弊した農村を復興させるため、大蔵永常《おおくらながつね》・二宮尊徳・大原幽学らの農政家が実地に指導にあたり、農政理論を実践《じっせん》した」（『日本史B　新訂版』実教出版）

「民間からは、領主の依頼によって北関東の農村復興に力をつくした二宮尊徳や、農民の生活向上をめざす運動をはじめた大原幽学のような人も出た」（『新選日本史B』東京書籍）

これを読んでみなさんも大原幽学の陰の薄さが理解できただろう。

そうなのだ、二宮尊徳（金次郎）の陰に隠れてしまっているのである。

重要だとはいえ、教師が授業中にすべての人物について詳しく教えるのは、時間的に不可能。それゆえ、江戸後期に農村の立て直しで活躍した人物が数人いた場合、どうしても有名な人物の業績を紹介する。悲しいかな、小学校に二宮金次郎像がいまも多くあることから、やはり教師が事例として取り上げるのは、圧倒的に二宮尊徳ということになる。その結果、大原幽学は名前しか習わないことになり、人々の記憶から消えてしまうのだ。

そこで本項では、高校ですべての日本史選択者が習ったはずの、大原幽学の業績について、ピックアップしていこうと思う。


幽学は、尾張《おわり》藩の重臣・大道寺直方《だいどうじなおかた》の次男として生まれ、親に勘当されて十八歳から二十数年間も漂泊の生活を送ってきたというが、この前半生はけっこう怪しい。あくまで本人の弁に過ぎず、しかも幼少年期の思い出をほとんど他人に語らなかったからだ。研究者たちも、いまだ幽学が尾張藩士の家柄だったという一次史料を確認できていない。

とはいえ、その言動を見ると、武家の生まれだったことは間違いないようだ。

ともあれ、家を出た幽学は、西国を中心に各地をまわりつつ、有名な学者や宗教家と会って彼らから学芸を学び、和歌、俳句、易学《えきがく》、仏教などをマスターしていった。

三十四歳のとき、そんな幽学に転機が訪れる。仏教の師である近江《おうみ》国（現在の滋賀県）松尾寺《まつおじ》の提宗《ていそう》に「私のような隠棲《いんせい》者とならず、世の中の人々を教え導くのだ」と諭《さと》されたのである。その言葉に感銘を受けた幽学は、翌年から信濃《しなの》国（現在の長野県）上田《うえだ》や小諸《こもろ》を根拠にして、人の在り方を説く講義を始めた。

生まれながらの聡明《そうめい》さに加え、これまでに培《つちか》った豊富な経験もあったので、人々は幽学の話に感激して続々と門人となった。だが、怪しい男が領民を集めていることを知った上田藩が、幽学を迫害し始めたのである。そこで仕方なくこの地を離れ、東下総《しもうさ》（現在の千葉県東部）地域に流れ着いた幽学は、銚子《ちょうし》や東金《とうがね》、八日市場《ようかいちば》や殿部田《とべた》などで「性学（聖学）」と称する教えを説くようになった。

すると長部《ながべ》村名主の遠藤伊兵衛《えんどういへえ》は幽学に心酔し、たびたび自宅に幽学を招いては村人たちにその講義を聞かせ、天保《てんぽう》十三年（一八四二）には「自宅の裏山に敷地を用意するので、村に定住していただきたい」と頼み込んだのである。熱意に打たれた幽学も依頼を承諾した。なお、その自宅は幽学自身が設計したという。そんな技術まで持ち合わせているのは驚きだが、このとき幽学は四十六歳、ようやく安住の地を得たのである。

それ以前から東下総地域の農民たちは次々と幽学に入門し、その数は五百人を超えた。幽学は門人のことを道友《どうゆう》と呼んだ。幽学の「性学」だが、「性」とは本心や良心のことで、それに従って生きることの大切さを説いた。内容的には儒学や仏教を融合したようなもので、親孝行や質素な生活を勧め、不義密通や買春、博打《ばくち》や大酒を禁止するなど、要は道徳的な生き方の勧めであった。

ただ、ユニークなのは「前夜《ぜんや》」と呼ぶ集会で道友たちが徹底的に話し合い、議論して高め合う方法をとったことであろう。幽学自身も自分の教えを押しつけなかった。まずは時間をかけて信頼関係をつくり、そのうえで性学を丁寧に伝えたのである。こうした人柄にますます人々は魅了された。

ところで、長部村の名主遠藤伊兵衛が幽学に期待したのは、村人の教化だけではなかった。幽学の知識と経験を活用して村を再生してもらうことでもあった。

江戸後期の房総半島は、飢饉《ききん》や貨幣経済や商品経済の浸透によって、一部の豪農と大多数の貧農に階層分化してしまっていた。金を手に入れた農民たちが身の程知らずの贅沢《ぜいたく》な暮らしや博打などに溺《おぼ》れ、田畑を手放し身上《しんしょう》（財産）を潰していったのだ。加えて数年間続いた天保《てんぽう》の飢饉も村の荒廃に追い打ちをかけた。たとえば長部村はもともと四十世帯あったが、幽学が来住したときは二十四世帯に減っていた。

幽学は伊兵衛の期待に応え、驚くべき手法を用いて見事に長部村を再建していった。

まずは村に先祖株《せんぞかぶ》組合と呼ぶ組織をつくった。加入した家は、五両に値する土地を差し出し、そこから得た作物の収益を永続的に積み立てさせたのである。金銭の管理は組合でおこなった。そして、一軒分が百両以上の額に達したら、その半額は潰れた家の再興にあてるのである。ただ、残りの半額は、以後も子孫のために積み立て続けるという仕組みであった。当初は十一人が参加したが、やがて村のほぼ全世帯へと広がった。

ちなみに、この制度によって、潰れ百姓が次々に再興されていった。もちろん、貧しい村人は五両に該当する土地を差し出すことはできない。しかし、それについては、名主の伊兵衛のほか、幽学の門人や崇拝者である他村の豪農からの資金援助を仰《あお》いだ。

大原幽学肖像画（大原幽学記念館所蔵）

次いで幽学は、土地整理事業に着手する。幽学の屋敷の裏手に広がる「字八石《あざはちこく》」の土地（田）は伊兵衛の所有であったが、田んぼを一反《たん》（約九九二平方メートル）ごとにきれいに整地させ、これまで高台の日野神社周辺に集中していた村の家々を、二軒一組にして田んぼのすぐ側に移転させたのだ。

二軒のペアは、血縁の有無に関係なく選定され、何か困ったことがあれば協力し合うことを取り決めた。これにより、遠くから仕事場の田畑まで向かう不便さが解消された。

さらに嘉永《かえい》三年（一八五〇）から四年にかけて、幽学の指導のもと長部村では新田を開拓し、田んぼに沿った道路沿いに六軒の農家を置き、新しい集落（宿内《しゅくうち》集落）を創出した。

こうした大規模な土地整理と同時に、幽学は次のような試みを進めていった。

村単位で日用品や衣類などを共同購入させることにしたのだ。個別に買うより安く手に入るからだ。現在の生活協同組合のようである。

長部村は九十九里浜に近く、肥料は鰯《いわし》を使った干鰯《ほしか》などの金肥《きんぴ》（お金で購入する肥料）を使用していたが、幽学は村で肥料を自給することを勧め、自前の肥料製造法を村人に伝授した。また、年間の農作業計画表を印刷して村人に配布し、それに沿って農作業を進めさせた。言いすぎかもしれないが、社会主義国家の計画経済のようでもある。

当時、東国より西国のほうが農業技術は進歩していたが、幽学は農業先進地域の西国で広まり始めたばかりの「正条《せいじょう》植え」を伝授した。同じ間隔を空けて列になるよう苗を植える方法である。驚くべきことに、軽くて土がつきにくい「幽学万能《まんのう》」と呼ばれる耕作具も開発している。こうして短期間に長部村は見事に再生したのである。

これを見た他村の農民たちも先祖株組合をつくって、村の再生に動き始めた。

ただ、財政再建法や農業技術の伝授だけでは、村の繁栄は永続しない。いったん豊かになったとしても、農民たちが娯楽にうつつを抜かしたり、博打に夢中になったりしては、元の木阿弥《もくあみ》である。それゆえ、幽学は村人の教育に力を注いだ。

とくに村の将来を担う子供の教育を重視した。ユニークなのが換子《かんし》教育である。道友の子供（七歳以上）たちを交換し、一、二年別の家で育てさせたのだ。豪農の子が貧農の家で生活することも珍しくなかった。他家の生活を体験させることは子供によい刺激になるうえ、子は親のありがたさを知り、親は子を溺愛《できあい》しないようになる。極めて教育効果が高い手法といえる。

幽学はまた、集団の場で自立を促すため「子供大会」なる子供だけでの合宿をおこなわせた。立派なおこないをした子には、幽学が選んだ景品を与えたり、「褒美《ほうび》泊まり」といって幽学の自宅に宿泊させてやった。

褒《ほ》めて育てるというのが幽学の基本方針だった。それは女性に対しても同様だった。江戸時代は差別的な地位に置かれていた女性だが、幽学は多くの女性たちに手紙をしたため、個々のよいおこないを褒めたたえている。立派なおこないをした女性には、櫛《くし》や鏡などをプレゼントしたのである。ただ、これは女性に限らず、幽学は優秀な道友たちに自分の歌や俳句を書いた短冊や本など、さまざまな品物を贈っていった。下賜品を「景物《けいぶつ》」と呼んだが、これによってますます道友たちは性学に精進《しょうじん》し、研鑽《けんさん》に励むようになった。

こうして大原幽学は、東下総地域で知らぬ者がいないほど有名な人物となり、毎日大勢の道友や信奉者たちが長部村の屋敷に集まってくるようになった。

そこで幽学の高弟たちは、もっと大勢が入れる講堂（教導所）を建設しようと提案、幽学もそれに同意し、自らの手で建物を設計した。こうして完成したのが、改心楼《かいしんろう》であった。研究者の高橋敏氏（『大原幽学と飯岡助五郎—遊説と遊俠の地域再編』山川出版社）によれば、その費用は四百四十四両にのぼり、労働者は二十四村から延四千四百三十二人が動員されたという。しかも改心楼や幽学の自宅がある山は、昔の城郭跡で頑丈な堀切や土塁があった。

しかし残念ながら、これが幽学の農村復興事業を頓挫《とんざ》させることになった。

傍《はた》から見れば、素性のわからない男が、村を越える広域な農民たちを多数集め、城跡に巨大な建物をつくっているわけだから、当局に目をつけられないほうが不思議だった。そういった意味では、幽学と道友たちはうかつであった。

ついに、関東取締出役《かんとうとりしまりしゅつやく》が内偵に乗り出したのである。

関東取締出役とは、文化《ぶんか》二年（一八〇五）に勘定奉行《かんじょうぶぎょう》のもとに新設された役職で、天領《てんりょう》（幕府直轄《ちょっかつ》地）、大名領、旗本領を越えて捜査ができる十名の広域捜査官である。彼らは、幽学を摘発することに決め、嘉永五年四月十八日、手下の博徒数名を改心楼へ乱入させ、大騒ぎを起こさせた。仕方なく幽学らは十両を渡して彼らを退去させたが、この件を口実にして幽学は江戸の勘定奉行所に呼び出されて事情聴取されたのである。

一番問題になったのが、幽学がいったいどこの誰かということだった。もし戸籍を持たない無宿人《むしゅくにん》だとすると、そんな者を村内に引き込んだ道友たちも罪に問われる。そこで彼らは長部村にゆかりがある幕臣（本丸御小人目付《おこびとめつけ》）の高松彦七郎《たかまつひこしちろう》に頼み、彼の弟だということにしてもらったのだ。

奉行所の役人はこのアリバイを崩そうとしたが、できなかったので腹を立て、「訴訟を当分棚上げにすることにし」「約四年間、店晒《たなざら》し状態に」（『前掲書』）したという。

結果、判決が出たのは事件から六年後のことになった。先祖株組合は解散、改心楼は取り壊しとなったが、幽学自身は追放や遠島にされることなく、百日の押し込めという軽い罪で済んだ。だが、長期間にわたる裁判費用を捻出《ねんしゅつ》するため、道友たちは大変な苦労をした。なかには自分の子供を奉公に出す者さえあった。

しかも久しぶりに幽学が長部村に戻ると、道友は離散し、性学の教えは廃《すた》れて村人は自堕落《じだらく》な生活を送っており、田畑は荒廃してしまっていた。そう、すべてが水の泡になったのである。ここにおいて幽学は、「私の死をもってどうか志を改めてほしい」という遺書をしたため、安政五年（一八五八）三月八日、自害して果てたのである。六十二歳であった。

非常に革新的な手法で農村の再生に成功した幽学だったが、封建社会のもとに理想のユートピアはもろくも崩れ去ったのだった。だが、ここで幽学の性学が断絶したわけではなかった。伊兵衛の子・良左衛門が二代目を引き継ぎ、房総だけでなく江戸や小田原、さらに近江の石部《いしべ》などにもその教えを広めていったのである。

現在、幽学の居宅跡は大原幽学遺跡史跡公園（千葉県旭市）として整備され、立派な大

幽学が自刃に使用した短刀（大原幽学記念館所蔵）

原幽学記念館があり、その生涯をよく知ることができる。さらにスゴいのは、幽学が土地整理事業をおこなった「字八石」の田んぼと、新しい集落・宿内集落がそのままの姿で存在していることである。もし興味を持たれたら、現地を訪れてみるのもよいだろう。

5 話題になった高輪築堤は、西郷隆盛のおかげでつくられた?

平成三十一年(二〇一九)四月、JR東日本が品川駅の改良工事をしているとき、地中からいきなり立派な石垣が顔を出した。この石垣は、すでに破壊されたと考えられていた高輪築堤《たかなわちくてい》の一部であった。

マスコミでたびたび報道されているから、おそらく読者諸氏はご存じだと思うが、念のため、高輪築堤について説明しておこう。

これは、明治初期の鉄道遺構である。東京湾のなかに土砂を盛って台形の堤《つつみ》(幅六・四メートル)を築き、その両脇を頑丈な石垣で補強し、その真ん中に鉄道レールを通した構造物のことである。

よく知られているように、日本で初めての鉄道は、明治五年（一八七二）、新橋―横浜間に開通した。この鉄道事業は民部《みんぶ》・大蔵《おおくら》省の大隈重信《おおくましげのぶ》の主導のもと、当時、同省の官僚だった渋沢栄一《しぶさわえいいち》などもかかわって民部省鉄道掛《がかり》が建設を進めたが、実際に工事を指揮したのはイギリス人鉄道技術者のエドモンド・モレルであった。

さらにいえば、建設費も主にイギリスからの外債で調達し、汽車もイギリス製だったのである。とくにレール幅はイギリスの規格に合わせたものの、イギリス本国のそれではなく、植民地用の狭いゲージ（軌間）だったので、以後、日本の鉄道は欧米よりずっと狭くなり、列車の幅も細くなってしまったというわけ。そういった意味では、まさにイギリス頼りでつくられたものだった。

しかしながら、この築堤に関しては別である。明治三年から着工され、約二・七キロにわたって海の浅瀬に築かれていったが、のり面の石垣は伝統的な石積工法による技術でつくられているのだ。そういった意味では、和洋折束《せっちゅう》の近代遺産、世界にまたとない極めて貴重な遺構なのである。世界遺産になってもおかしくないものなのだ。

当時としては大変な難工事だった高輪築堤だが、陸地を盛り上げてつくったのではない。繰り返しになるが、海のなかに土砂を盛り上げてわざわざ構築しているのである。なぜ陸地に線路を敷かなかったのかと、不思議に思うことだろう。

じつは、鉄道が通るルート上には兵部省《ひょうぶ》（のちの陸軍省と海軍省）の所有地があり、民部省鉄道掛としてはそれを譲り受けるつもりだった。ところが、軍を統轄《とうかつ》する西郷隆盛《さいごうたかもり》や兵部省の高官が「軍事を優先させるべきだ」と考え、土地の引き渡しに難色を示したのである。

そこで仕方なく、高輪築堤をつくることになった。そういった意味では、西郷隆盛らが拒んでくれたおかげで、この見事な築堤が完成したというわけだ。

こうして明治三年三月に測量を開始してから、およそ二年ちょっとで鉄道は開通し、明治五年九月十二日には明治天皇臨席《りんせき》のもと、横浜鉄道館において盛大な鉄道開通式が挙行された。参議《さんぎ》などの政府高官や列国公使も参列し、式典は庶民の見学も許された。面白いのは、政府高官たちは直垂《ひたたれ》（武家の正装の上衣）を着る決まりになっていたことだ。文明開化の式典なのに直垂とは何ともちぐはぐである。

式典では明治天皇が臣下に対して次のような勅語《ちょくご》を下している。意訳して紹介する。

「このたび、我が国初の鉄道工事が完成したことを告げる。朕《ちん》は文明が発達し、便利になったことを喜んでいる。ああ、お前たち百官よ、この盛大な事業を維新のはじめにおこない、万民に恵みを与えようというのはすばらしい。その努力を大いに讃《たた》える。朕は我が国が富盛になることを期待し、国民のためにこれを祝す。そして、今後鉄道事業をさらに拡張し、線路を全国に広げていくことを願っている」

こうして式典が終わると、明治天皇はそのままお召し列車に乗り、新橋へと向かった。列車には三条実美《さんじょうさねとみ》、山県有朋《やまがたありとも》、大隈重信、江藤新平《えとうしんぺい》、勝海舟《かつかいしゅう》など錚々《そうそう》たる顔ぶれが乗車した。のちに大実業家となる渋沢栄一も官僚として乗り込んでいる。さらに兵部省の土地を渡さなかった西郷隆盛もいた。

なお、式典を祝い、軍は日比谷練兵場で祝砲を撃ち、花火や軽気球も上がった。

ちなみに鉄道の式典だけでなく、明治天皇は文明開化に関するあらゆるものに率先してかかわっている。たとえば明治四年（一八七一）八月九日に明治政府は「散髪、脱刀などは自由にしてよろしい」という散髪脱刀の許可令を出した。政府に仕える軍人、政治家、官僚などは率先して髪型を変えたが、多くの人がチョンマゲに愛着があったようで、散髪脱刀の許可令のあと、各府県が髷《まげ》の禁止令を出したりしても、なかなかザンギリ頭は浸透していかない。翌明治五年の時点では、国民のわずか五パーセント程度しか、髷を切り落としていなかったという。そんな状況を劇的に変えたのは、なんと明治天皇だった。天皇は、明治六年三月二十日、みずから断髪を決行したのである。これによって国民の意識も大きく変わり、一気に断髪が進み、それから十年でチョンマゲ頭はほとんど姿を消したと伝えられる。

このように明治天皇は、近代化を推進するため、ほかにもさまざまなことを率先して実行している。たとえば、人々に忌避《きひ》された肉と牛乳の飲食、洋服の着用、競馬観戦など。じつは鉄道についても、汽車の煙が作物に悪いなど公害を危惧《きぐ》する声があったが、天皇がみずから率先して乗客になることで、こうした懸念《けねん》を払拭《ふっしょく》しようとしたのである。

当時の乗車賃だが、新橋から横浜まで片道で上等席が一円十二銭五厘《りん》、中等が七十五銭、下等が三十七銭五厘だった。現在の金額に単純に換算することはできないが、ざっくりいって下等でも五千円はくだらないだろう。当時はめちゃくちゃ高額だったのである。翌明治六年に運賃は値下げされ、上等一円、中等六十銭、下等三十銭になったものの、それでも高額だ。同年には三か月定期が販売されている。さらに隅田川《すみだがわ》の川開きには特別列車が運行された。

ちなみに、当時としても海上の石垣を煙を上げて走る汽車の姿は美しかったようで、錦《にしき》絵《え》が多く描かれ、人気の観光スポットとなった。

鉄道は、明治七年に大阪―神戸間、明治十年に京都―大阪間が開通。さらに明治十四年（一八八一）に初めての民営鉄道会社が誕生する。日本《にっぽん》鉄道会社だ。華族らが中心的に出資して設立した企業である。

政府は西南戦争後、資金難であまり鉄道を新設できずにいたので、同社の誕生を許可し、鉄道局（国家機関）は建設や営業を代行したり、資金を援助したのである。

日本鉄道会社の成功をみると、続々と私鉄が設立され、明治二十二年には営業キロ数で民営（民間経営）が官営（国営）を上回るようになった。同年、東海道線（東京―神戸間）が全通した。

ただ、政府は日露戦争後の明治三十九年（一九〇六）に鉄道国有法を制定、ほとんどの私鉄を官営としてしまった。「戦争のときに兵隊や軍需物資をスピーディーに輸送できるように」というのが主たる理由だった。ちょうどこの頃、東京湾の埋め立てが進み、高輪築堤も陸地に取り込まれて姿を消した。ただ、石垣を取り除くなど壊したうえで埋め立てたと考えられていたが、単に上から土をかぶせただけだったのだ。けれどそんないい加減な埋め方をしてくれたおかげで、ほとんど原形のままふたたび姿を現したのである。

平成三十一年の最初の発見から発掘はどんどん進み、その後もJR高輪ゲートウェイ駅近くの再開発地区で断続的に発見され、約八〇〇メートルほどが確認されている。信号機の跡や浜辺と海の間を漁師の舟が出入りできる橋梁《きょうりょう》跡なども出土している。

この地域には高層ビルが四棟建設される予定だったが、考古学界が強く現状保存を求め、築堤を視察した萩生田光一文部科学相もJR東日本側に「開発と保存を両立させながら貴重な文化遺産を現地で保存・公開できるように検討していただきたい」と述べたことで、JR東日本では建物の一棟をずらして、一部を保存することに決めた。

さらに令和三年（二〇二一）五月には、菅義偉首相が築堤の第七橋梁跡を視察し、「当時二年ちょっとで、こうしたものを建設できるというのは本当にすばらしい。正直言って感動した」と述べ、行政の財政支援が可能になる国史跡指定に取り組む考えを示した。

なお、研究者や地元、考古学界などは全面保存を求めているが、JR東日本は一部保存の方針を示している。いまのところ計画では、八〇〇メートルのうちJRが保存するのはわずか一二〇メートルになる予定である。あとはどうするのか。残念ながら壊すのである。

嘆かわしい。お金がないなら、国が全面的に支援するとともに、クラウドファンディングや募金活動などを展開すればよいではないか。近代遺産として極めて貴重なものなので、私としてはすべての遺構を保存し、後世に伝えるべきだと思っている。

6　信仰と商売の両立をかかげ、近江を拠点に事業を展開した異色の外国人経営者

キリスト教を広めるために来日した若き青年ウィリアム・メレル・ヴォーリズは、自然の美しさと人々の温かさに惹《ひ》かれ、日本に定住して建築家として山の上ホテルや明治学院チャペルなど、生涯に千六百もの西洋建築の設計を手がけた。いまでも現存する建物は少なくない。

同時に、近江兄弟社《おうみきょうだいしゃ》を創業してメンソレータム（現・近江兄弟社メンターム）を売り出すなど経営手腕を発揮し、その利益を社会に還元するかたちで教会や病院、学校をつくっていった。本項では、そんな異色の経営者ヴォーリズに焦点を当てていこう。

一八八〇年、ヴォーリズはアメリカのカンザス州レブンワースという地方都市に生まれ

た。八年後、一家はアリゾナ州フラッグスタッフという田舎町に移転する。これはヴォーリズのためだったという。ヴォーリズは体が弱く、幼い頃に腸結核《けっかく》を患《わずら》い小学校に入れない状態だったのだ。そこで両親は彼のために高原の緑豊かな地に移り、ヴォーリズも一年遅れで小学校に入学した。のちにヴォーリズは、この大自然が自分に決定的な影響を与えた、エネルギーをくれたと述べているが、のちに近江八幡《おうみはちまん》という自然豊かな地域を終《つい》の棲《すみ》家《か》と決めたのは、この少年期の体験と大きく関係があると思う。

ヴォーリズは敬虔《けいけん》なクリスチャンの家庭に育ち、幼い頃から教会に通ったが、一八九六年、フラッグスタッフからコロラド州デンバーに転居する。フラッグスタッフにはヴォーリズのためのよい教育機関がなかったからだという。

ヴォーリズはやがてコロラド・カレッジに入学するが、在学中にＹＭＣＡ（キリスト教青年会）に所属して熱心に活動を始め

ウィリアム・メレル・ヴォーリズ（写真提供：公益財団法人近江兄弟社）

た。そして海外伝道学生奉仕団の世界大会に出席したヴォーリズは、演説を聞いている最中、突然、演者の顔がキリストの顔に変わり、「汝《なんじ》はどうするつもりか」という声を耳にしたのである。

もともとヴォーリズは建築家になることを夢見て大学で学んでいたが、この霊的な体験を機に海外伝道を決意することになったという。

コロラド・カレッジを卒業したヴォーリズは、ＹＭＣＡに勤め、キリスト教を布教するため海外での仕事の斡旋《あっせん》を依頼する。まもなく「日本で英語教師を求めているが、赴任《ふにん》する気があるか」という打診を受けたので、ただちにこれを承諾し、明治三十八年（一九〇五）、近江八幡の滋賀県立商業学校（現在の県立八幡商業高校）に英語教師として赴任したのである。二十四歳のときのことであった。

ヴォーリズは学校で生徒たちに授業するだけでなく、下宿先でバイブル・クラスを開いてキリスト教を伝道した。伝道を志して来日したヴォーリズゆえ、たちまち四十名以上の学生が集まるようになり、感化された青年たちは次々とキリスト教に入信していった。のちにヴォーリズの同志として近江ミッション（近江兄弟社グループ）創立者の一人になる吉田悦蔵《よしだえつぞう》もこのとき入信している。こうして一年ほどで十九名の生徒たちが受洗《じゅせん》したのでである。

ただ、疲れが出たのだろう、翌年、体調を崩し、一時アメリカに帰国している。だが、三か月後に日本に戻った。この間、ヴォーリズに感化された学生たちは、創設した滋賀県立商業学校基督《キリスト》教青年会（ＹＭＣＡ）で活発な活動を展開するようになる。そして明治四十年、ヴォーリズと学生たちが中心になって寄付を募《つの》り、八幡基督教会館（現在のアンドリュース記念館。ヴォーリズ設計第一号）をつくり、活動のための会館を建設しようとしたのである。

近江八幡は、よく知られているように近江商人を多数輩出した町である一方、天台宗《てんだい》や浄土真宗《じょうどしんしゅう》など仏教勢力が強い地域でもあった。このためヴォーリズの目覚ましい布教活動は仏教勢力の反発を呼び、結局、ヴォーリズはわずか二年で学校を解職されて

ヴォーリズが設計した日本基督教団大阪協会（写真提供：株式会社一粒社ヴォーリズ建築事務所）

しまったのである。

しかし、近江八幡のすばらしさに魅了された彼は、ここに「神の国」をつくろうと永住を決意。

翌明治四十一年、京都ＹＭＣＡ会館新築工事の現場監督となり、会館内にヴォーリズ建築事務所を設立した。

明治四十三年、ヴォーリズは教え子の吉田悦蔵、アメリカから招いたチェーピンとヴォーリズ合名会社を設立、大々的に建設設計の仕事を始めていった。伝道のためには経済力が必要だと考えたのである。ヴォーリズのアメリカンスタイルの建物は人気を博し、教会や学校のみならず、多くの企業からも依頼が殺到するようになっていく。

こうして稼いだ利益は、関係者からの寄付も含めて、ほとんどすべてを滋賀県内のキリスト教会館の建設、伝道雑誌の出版など、キリスト教伝道とバイブル・クラスや保育園等での教育、福祉事業のために使用した。

大正三年（一九一四）には、なんとガリラヤ丸と命名したモーターボートを用いて、琵《び》琶《わ》湖の湖東や対岸にも伝道を始めたのである。この斬新な方法は当時、大きな話題を集めた。

さて、ヴォーリズの会社が飛躍的に発展するのは、A・A・ハイドとの出会いがきっかけだった。彼はあの有名なメンソレータムの開発者である

ハイドは熱心なクリスチャンで、日本で伝道に力を入れるヴォーリズにさまざまな助言や支援を与えたが、さらにメンソレータムの代理販売を持ちかけてくれたのだ。

こうしてヴォーリズはメンソレータムを売り始めたが、いかんせん日本での知名度がない。このためなかなか薬局は取り扱ってくれなかった。そこで考えたのが、これまで自分がかかわった多くの教会に商品を置かせてもらうことだった。評判は上々で売り上げが次第に伸びてきた。そこで大正九年（一九二〇）からヴォーリズは思い切ってメンソレータム本社から国内での製造権をもらい、大々的に売り出した。結果、それが爆発的なヒットにつながったのである。

なお同年、ヴォーリズは吉田悦蔵、村田幸一郎《むらたこういちろう》とともに近江セールズ株式会社（のちの株式会社近江兄弟社）を設立している。同社ではオシャレなドアノブや蝶番《ちょうつがい》など西洋の建築金物や西洋家具などを輸入販売し、この分野でも利益を上げていった。

昭和十九年（一九四四）、会社は社員四百名を抱えるまでに大きく成長したが、会社の

運営は極めてユニークだった。社の意志決定権は常任委員が握るが、なんとその委員は全社員による選挙で選ばれたのだ。

また、社内には部長や課長といった職制はなく、給与は平等。住宅は会社が用意し、子供の教育費も会社が負担した。さらに会社の利益の九割が、近江八幡の結核療養所（現在のヴォーリズ記念病院）や幼児教育施設（現在はヴォーリズ学園として幼児教育から高等学校教育までをおこなっている）、そしてキリスト教の伝道に投入された。

ヴォーリズが学校、とくに幼児教育施設をつくったのには妻の影響も少なくなかった。日本を愛したヴォーリズは日本女性と結婚した。彼女の名前は一柳満喜子《ひとつやなぎまきこ》。旧小野《おの》藩主一柳末徳子爵《すえのりししゃく》の三女である。母の影響を受けてキリスト教に親しみ、神戸女学院を出てアメリカのブリンマー・カレッジで学んだ時期に受洗《じゅせん》している。女子英学塾（津田塾大学）を創設した津田梅子《つだうめこ》の親友アリス・ベーコンを師とし、一時、彼女のもとで働き、その聡明《そうめい》さが高く評価され、女子英学塾の二代目学長への推薦を受けたともいわれる。

あるとき兄の養子先である広岡《ひろおか》家が屋敷の増改築をおこなうことになり、満喜子は通訳として招かれた。依頼した建築家が外国人だったからだ。もちろんその建築家とはヴォーリズであった。こうして二人は出会い、ヴォーリズは満喜子の人柄に惚《ほ》れ、結婚したのである。といっても、当時は外国人と日本人の結婚はほとんどないうえ、ましてや満喜子は華族である。満喜子の親族や宮内省《くない》の反対も強かった。そうした困難を乗り越え、大正八年、二人は結ばれたのである。

なお、昭和十六年、ヴォーリズは帰化して日本人となった。

近江八幡市はこうしたヴォーリズの地域への貢献を高く評価し、昭和三十三年、名誉市民第一号を贈った。それから六年後の昭和三十九年（一九六四）、彼は八十四歳の生涯を閉じた。

近江八幡を心から愛し、華族の令嬢と結婚して日本に帰化したヴォーリズは、商活動で手にした富のすべてを教会や病院、学校などの社会事業に投入、この地に「神の国」を実現したのである。こうした人物がいたことをぜひ知っていただきたいと思っている。

7　台湾に神様として祀られている日本軍人

近年、台湾は日本人の人気旅行先で、とくに九份《きゅうふん》は宮崎駿監督の『千と千尋の神隠し』のモデルの地と喧伝《けんでん》され、日本人の観光客であふれかえっている。

ご存じのとおり、台湾はかつて日本の植民地であった。数年前に私は台南《たいなん》を訪問したが、まだまだ日本統治時代の建物が多く残り「この電信柱は、日本統治時代のものだ」とわざわざ教えてくれる日本語を話すお年寄りもいた。

だが、私が驚いたのは、日本の軍人が神様として祀《まつ》られるお堂があることだった。台南駅からタクシーで二十分ほど走ると、日の丸がはためく堂が見えてくる。入口の看板には黄色地に真っ赤な文字で「鎮安堂《ちんあん》　飛虎《ひこ》将軍」と大書してある。

飛虎将軍は、茨城県水戸市出身の海軍航空隊所属杉浦茂峰《すぎうらしげみね》少尉のことだ。昭和十九（一九四四）十月十二日、アメリカ軍機が大挙して台南に襲来したさい、杉浦も迎撃のため零戦《ゼロせん》で出撃した。しかし被弾して尾翼が発火、そのまま村落に墜落しそうになった。目撃者によれば、杉浦はそれを避けるため必死に機首を上げ、養殖池に機体を墜落させ、パラシュートで脱出したという。しかし敵の機銃掃射を浴びてパラシュートに穴があき、そのまま落下して地面に体を叩きつけられて死んだ。まだ二十歳の若者であった。

戦後数年が経ち、養殖池の周辺で不思議なことが起こり始める。夜、池の周りを徘徊する白い服に帽子姿の若者がたびたび目撃されるようになったのだ。魚泥棒だと思って追いかけていくと、フッと姿を消してしまう。目撃情報は増え続け、やがて村人たちの夢のなかにも現れるようになったのである。

人びとは恐怖のあまり「保生大帝《ほせいたいてい》」(道教の神様)に尋《たず》ねると、それは、日本軍人の亡霊に違いないという結果が出た。このため「村を戦火から救うために自分の命を捧《ささ》げた日本兵ではないか」という話になり、やがてそれが、杉浦茂峰という人物であることも判明した。そこで村人たちは、村を救った恩人に感謝を込め、一九七一年、祠《ほこら》を建てて杉野を飛虎将軍として祀るようになった。「飛虎」とは戦闘機を指し、「将軍」とは勇士の尊称だ。

堂内には、軍人姿の杉浦をかたどった飛虎将軍像が安置され、彼の写真や日の丸が飾ってあり、いまも近隣からの参拝者が絶えない。タバコが好きだったのか、線香の代わりに飛虎将軍像にはタバコを三本お供えする。お堂では午前中に「君が代」を流し、午後は「海ゆかば」を流すという。異国に祀られた日本の軍神、何とも意外な光景であった。

ちなみに飛虎将軍像は、平成二十八年(二〇一六)に水戸市に移送された。七十年ぶりに杉浦茂峰は里帰りしたのである。このおり、「水戸神輿《みこし》連合会」の有志らが神輿に像を載き、水戸芸術館から杉浦の生家近くまで市街地を練り歩いたという。

ほかにも台湾には、神様として祀られた日本人が少なくない。八田與一《はったよいち》など、その業績が地元で讃《たた》えられている人物もいる。植民地支配を受けたのに、朝鮮半島や中国東北部(旧満洲)、東南アジアの人々の感情と台湾におけるそれとが大きく異なっているのはなぜなのだろう。

日本史の教科書では、台湾については台湾出兵と下関条約のくだりで少し登場する程度で、その歴史を学ぶ機会はない。世界史の授業でも、ほとんど登場しない。そこで本項では、台湾の歴史の一端を知っていただこうと思う。


台湾は、沖縄とフィリピンの間の東シナ海に浮かぶ島で、中国福建《ふっけん》省の南東に位置し、大きさは九州よりもやや小さい。島の三分の二を山地が占め、緑豊かなので「美麗島《びれいとう》(フォルモサ)」と讃えられてきた。もともとマレー・ポリネシア系の人々が生活していたが、大きく九つの民族に分かれ、言語や風習が違ったため部族間の抗争も激しかった。そこへ中国大陸から漢民族が渡来し、原住民は山間部へ追いやられてしまう。

バタビア(ジャカルタ)に拠点を置くオランダは、一六二四年、台湾を領有する。中国や日本との貿易中継地として目をつけたのだ。こうして台湾に西洋文化がもたらされ、島南部(台南)の開発が進んでいった。オランダは、サトウキビ栽培や鹿の捕獲によって台湾で莫大な利益を上げたが、一六六二年に明《みん》の鄭成功《ていせいこう》がオランダ勢力を駆逐《くちく》したことで、三十八年間にわたるオランダ統治は終焉を迎えた。

鄭成功は、人形浄瑠璃《じょうるり》や歌舞伎の『国姓爺合戦《こくせんやかっせん》』の主人公・和藤内《わとうない》のモデルだ。彼が台湾を制圧したのは、明を再興するためだった。一六四四年、明の崇禎帝《すうていてい》は李自成《りじせい》軍に首都北京を奪われて自害。ここに明は崩壊し、異民族国家の清《しん》が中国を統一する勢いを見せる。他方、明帝の血をひく人々は各地で小王朝を建国し、再興運動を開始。そのうち福建を拠点とした唐《とう》王隆武《りゅうぶ》帝を支えたのが、海商の鄭芝龍《しりゅう》・鄭成功父子だった。明の再興を目指す鄭父子は、正保二年（一六四五）から二十数回にわたり江戸幕府に援軍を求めた。それは、芝龍がかつて日本に居住し、日本女性との間にもうけた子が成功だったからである。

幕府は明と正式な国交がないことや書類の形式が日本に対して無礼だという理由から、出兵に応じようとしなかった。一つには、彼らに勝ち目がないことを見抜いていたからだろう。中国全土を統一しつつある清と敵対するのは国内平和のために得策でない。加えて、三代将軍家光《いえみつ》の時代は幕藩体制の確立期にあたり、解決すべき国内問題が山積みされており、とても海外に兵を出す余裕などなかったのだろう。

だが、異説もある。援軍要請を受けた家光は乗り気で、最終的に出兵が決定したというものだ。ところがまもなく隆武帝が殺され、鄭芝龍が清軍に降伏したので、急きょ派兵は中止されたという説である。真偽はわからない。

芝龍は清に降伏したが、鄭成功は活動をやめず、その後も日本に援軍を求め続けた。しかし幕府は、清との関係悪化を懸念《けねん》して要請を拒絶した。ただ、秘密裏に兵を送ったという説もある。鉄人、倭銃隊と呼ぶ、日本の武士を想起させる一万以上の軍隊が、鄭成功の親衛隊として存在したことが諸記録から明らかになっているからだ。

この時期、長崎に来航する民間の唐船（中国船）の大半は、じつは鄭氏の船であった。幕府はそれを承知で交易を許している。鄭氏が手に入れた日本産の金・銀・銅は、再興運動の重要な軍資金となった。つまり、幕府は間接的に資金援助をしていたわけだ。鄭氏が明を再興する場合も想定し、保険をかけていたのかもしれない。

いずれにせよ鄭成功は、やがて一六六二年に台湾を征服して明の再興を目指すが、一年も経たずに死去し、重税による住民の反発や後継者をめぐる内紛により、鄭氏の支配は崩壊。一六八三年に台湾は清の統治下に入った。なお、いまでも台南には、鄭成功がオランダから奪取したゼーランディア城やプロビンシア城の煉瓦《れんが》積みが現存する。また、鄭経《けい》が父・鄭成功を祀った廟《びょう》には、成功の母・田川《たがわ》マツの彫像もある。

近代に入ると、日本が新たに台湾に影響を与えるようになる。明治四年（一八七一）、台湾に漂流した琉球の人々が先住民に殺害された事件を受け、明治七年に台湾出兵を断行、清国から賠償金を獲得した。その後、日清戦争に勝利した日本は、下関条約で清から台湾を獲得する。日本が台湾を欲したのは、軍事的な理由からだった。台湾は、東シナ海の喉《のど》元に位置する。清や欧米の船が往来する東シナ海において、日本船が航海の安全を保つためには、台湾に拠点を築くことが必要だったというわけだ。

当初、日本は台湾の統治に苦労する。台湾では下関条約に反発し、清の台湾巡撫《じゅんぶ》（台湾省の最高責任者）であった唐景松《とうけいしょう》を総統として台湾民主国を創建。同国の大将軍には清仏戦争でフランス軍を撃退した名将劉永福《りゅうえいふく》が就任した。

もちろん日本政府は、そんな国家は断じて認めず、台湾を支配する総督府を創設し、初代総督に軍令部長で海軍大将の樺山資紀《かばやますけのり》を任命、近衛《このえ》師団とともに現地へ派遣した。明治二十八年（一八五九）五月、近衛師団が台湾北部の澳底《おうてい》に上陸。抵抗する台湾住民を制圧しながら進撃して六月初旬には台湾北部を占領した。しかし中部や南部の抵抗はすさまじく、日本側の戦死者は五百二十七人、戦病死者は三千九百七十一人を数えた。これは、日清戦争全体の戦死・戦病死者の三〇パーセントを超えるものだった。台湾側の死者も約一万四千人にのぼった。日本軍は援軍の到着を待って総攻撃を開始、上陸から五か月を費やしてようやく全島を占領したのである。

その後も在地のゲリラ勢力（土匪《どひ》）の抵抗は根強く、初代から第三代までの台湾総督（樺山資紀、桂太郎《かつらたろう》、乃木希典《のぎまれすけ》）は土匪を制圧できずにいた。こうした難治の台湾に真っ向から立ち向かったのが、第四代台湾総督・児玉源太郎《こだまげんたろう》と民政長官・後藤新平《ごとうしんぺい》だった。

児玉と後藤は、台湾の衛生環境の整備に力を注ぎ、土匪に対しては飴《あめ》と鞭《むち》で対応した。現地のインフラを整備するにあたり、その工事に土匪を雇用したのだ。児玉や後藤がみずから土匪の首領に会って諭《さと》すこともあったという。

台湾各地には鉄道や道路が敷かれ、港湾が拡張されていった。度量衡《どりょうこう》の統一、幣制改革も断行された。また、明治三十一年から明治三十八年まで土地調査を徹底的におこない、土地の所有者を確定して地租を増徴させた。所有者が不明確な土地は、日本政府が没収して日本の商人や企業に安く払い下げた。さらに製糖、樟脳《しょうのう》、木材、塩、アヘン、タバコなどの産業を発展させた。ただし、これは台湾の人々のためではなく、日本本土に原材料を供給するのが目的だった。灌漑《かんがい》事業も急速に進められ、耕地面積は飛躍的に拡大するが、これも本土の日本人に安い米を供給するのがねらいだった。なんと、日本人の口に合う米の開発までおこなわれたという。とはいえ、太平洋戦争後に台湾がすさまじい経済発展を遂《と》げられたのは、日本がインフラを整備したことが大きく関与しているのは確かだ。

一方で、台湾総督府は、反抗する勢力は断固征伐した。明治二十九年、台湾の統治を軍政から民政へ移行したが、警察力を大増強してゲリラの鎮圧を継続。明治三十一年から五年間に、ゲリラを含めた反日的人物が一万九百五十人処刑されている。大正四年(一九一五)には、大明慈悲国の建国を目指した大規模な反乱が台湾全島で勃発、八百六十六名が処刑される西来庵事件が発生した。その後、植民支配は安定したかに見えたが、昭和五年(一九三〇)、台中州《たいちゅう》能高郡《のうこう》霧社《むしゃ》で日本人巡査に原住民が殴られたことをきっかけに大規模な暴動が発生、日本は軍隊を投入して鎮圧しなくてはならない事態となり、七百人ほどがこの暴動で亡くなり、台湾総督の石塚英蔵《いしづかえいぞう》は責任をとって辞任している。大正時代から台湾統治は安定してきたが、住人たちが完全に日本の統治に服していたわけでないことはぜひおさえておきたい。

太平洋戦争中には、台湾の人々も日本人として出征するようになったが、敗戦後、日本は台湾を放棄させられ、台湾に住む日本人約四十八万人は引き揚げを命じられた。このさい、一人現金千円と食糧だけが支給され、日本に持ち帰ることが許されたのは、リュックサック二個分程度の荷物のみだった。

日本に続いて、台湾を治めたのは中国国民党の蔣介石《しょうかいせき》である。だが、国民党の強圧的な政治は、経済破綻《はたん》や社会混乱を引き起こし、住民の不満は鬱積《うっせき》する一方だった。しかも、一九四七年、政府に抗議した市民ら推定二万人以上を殺害したのである（二・二八事件）。台湾の民主化が進むのは、李登輝《りとうき》が総統に就任した一九九〇年代頃からであった。

現在、台湾の人々が親日的なのは、植民地支配がすばらしかったというよりも、日本が撤退したあとの国民政府の支配が過酷だったことが要因といえよう。もちろん、日本が台湾と国交を断絶したのちも非公式に経済協力・人的交流を続けたこと、台湾が中華人民共和国への脅威を抱えていることも大きく関係していると思われる。

5章　教科書に載せられない不都合な日本史

1　保元の乱で敗れた藤原頼長の人に見せられない秘密の日記

高校生が授業で苦手とするのは、同じようなことが繰り返されるときだ。元寇《げんこう》の文永《ぶんえい》の役《えき》と弘安《こうあん》の役、後醍醐《ごだいご》天皇の正中《しょうちゅう》の変と元弘《げんこう》の変、近代の壬午《じんご》事変（壬午軍乱）と甲申《こうしん》事変（甲申政変）などが代表的だが、古代でいうと、やはり保元《ほうげん》の乱と平治《へいじ》の乱だろう。なおかつ、この場合、出てくる人物も「藤原《ふじわらの》〜」と「平《たいらの》〜」と「源《みなもとの》〜」と似通っているので、ややこしいことこのうえない。たとえばみなさんは、藤原頼長《よりなが》がどちらの変でどのような活躍をしたか、きちんと説明できるだろうか。

今回は、このややこしくて間違えやすい藤原頼長についてご紹介しよう。

頼長は、関白《かんぱく》藤原忠実《ただざね》の次男として保安《ほうあん》元年（一一二〇）五月に生まれた。母親は摂関《せっかん》家の家司《けいし》（摂関家の家政を担当する職員）藤原盛実《もりざね》の娘である。兄の忠通《ただみち》が右大臣源顕房《あきふさ》の娘を母としているのに比較して、ずいぶんと身分は低かった。なおかつ、忠通とは二十三歳、つまりは親子ほども年が離れていた。

けれど、そんな頼長を実父の忠実は異常なほど愛した。四十三歳のときに生まれた孫のような子であることに加え、極めて聡明《そうめい》だったからであろう。忠実は、将来的に摂関家を継がせたいと考え、頼長をまだ子のなかった忠通の猶子《ゆうし》（養子）としたほどだった。頼長が六歳のときのことである。

その後頼長は順調に栄達していき、わずか十七歳で内大臣官の官職についた。

この頃から頼長は、学問にのめり込んでいくようになる。酒も飲まず、遊芸もせず、ただひたすらに中国の古典、とくに儒学の研究に没頭するようになったのだ。そして、「日本第一の大学生《だいがくしょう》（学者）」と称されるようになる。

康治《こうじ》二年（一一四三）、頼長は四天王寺《してんのうじ》に安置されている聖徳《しょうとく》太子像を前に、太子がつくった憲法十七条の精神にのっとり、儒学を用いていまのだらけた政治を糺《ただ》したいと誓ったという。彼は、日本の為政者たらんことを望んだのである。

久安《きゅうあん》三年（一一四七）、祇園《ぎおん》社で平清盛《きよもり》の家来が祇園社の神人《じにん》ともめ事を起こし、矢を神輿《みこし》に撃ち込み、怪我《けが》人が出た。当時、祇園社は比叡山延暦寺《ひえいざんえんりゃくじ》の末社だった。このため、激怒した比叡山の僧兵が朝廷に忠盛《ただもり》・清盛父子を処罰せよと大挙して強訴《ごうそ》してきた。このときはじめて頼長の本領が発揮される。鳥羽《とば》法皇や崇徳《すとく》上皇が公卿《くぎょう》たちを集めてこの問題を審議したが、二人は、この事件をうやむやにしたいと望んでおり、公卿たちも同調する雰囲気があった。

ところが頼長は、中国の古典から事例を引くなどして、事件の当事者双方に峻厳な処罰を下すべきだと堂々と持論を展開したのである。これから二年後、三十歳のときに頼長は左大臣となり、仁平《にんぺい》元年（一一五一）には内覧《ないらん》に任じられた。これは関白に匹敵する地位であった。こうして政治の一端を担うことになった頼長は、役人たちの職務厳正の徹底をはかり、怠惰《たいだ》な者やミスに対しては厳罰でのぞんだ。だが、こうした厳しい姿勢は貴族や役人たちの反感を買うことになった。


藤原頼長の甥《おい》にあたる慈円《じえん》は、その著書『愚管抄《ぐかんしょう》』で頼長のことを「和漢の才に富み」と褒《ほ》めたあと、「はら悪《あ》しく、よろづにきわどき人なりける……」とこきおろしている。「はら黒し」とは「意地が悪いこと」、「きわどき」とは「極端で苛酷《かこく》な」という意味だ。つまり頼長という人物は、知的で頭の回転の速い男である一方、意地が悪く、すべてにおいて偏執的で苛烈な性格をしていたというのである。

ただ、慈円が二歳のときに頼長は討ち死にしてしまっているから、記憶に残っている印象ではなく、のちの人々が語り継いだのをそのまま信じて書き留めたのであろう。それに慈円は、頼長の兄であり、ライバルであった忠通の子だから、頼長のことを悪く言うのは当たり前だといえる。

しかしながら、当時の人々もまた、左大臣であった頼長のことを「悪左府《あくさふ》」と呼んでいる。悪というのは、現在のように、悪人とか悪党を意味しない。「激しく恐ろしい」とか「荒々しく勇猛なさま」を「悪」という。

実際前項で述べたように、頼長は役人の不正や怠け、ミスを許さず、厳しく処断したが、驚くべきことに、憎んだ人間に平然と刺客を放って殺害しているのだ。しかも、その殺人を自分の日記『台記《たいき》』に得意げに記しているのだ。

意訳して紹介しよう。

「今夜、縁起のよくない雲を見た。私の召し使いである国貞《くにさだ》を殺した下級役人が去る七日に赦免《しゃめん》されたが、今夜、その男が殺害されたという。国貞はこれまで誠実に私に仕えてくれた。その敵《かたき》が殺された。天がそうさせたのだろうか。国家にとってたいへんよいことである。いまだ誰の仕業かわかっていない。噂では、国貞の子の召し使いの仕業ではないかという」

そんな記述のあとに、

「でも本当は、俺が左近衛府《さこのえ》の秦公春《はたのきみはる》に命じてやつを殺させたのさ。天に代わって誅《ちゅう》してやったのだ。ただし、武《ぶ》王が苛政をおこなう紂《ちゅう》王を討ったようなもの。正義のおこないなのだ。でも誰もこのことは知らないのさ」

何とも傲慢《ごうまん》で自分勝手、狭量な器の持ち主だったことがわかる。確かに頼長は、頭の回転が速く、理想に燃えた政治家だったかもしれない。しかし最大の欠点は、こうした性格が災いして人望がなかったことである。

ところで、そんな頼長の趣味は男色《なんしょく》であった。男色は、決して珍しい性風習ではなかった。当時としてはむしろ一般的なことでさえあった。たとえば、朝廷を守る武士や貴族の随身《ずいじん》は、その容姿の美醜を採用基準としたといわれる。それは、彼らが貴族たちの男色相手となったからだ。彼ら貴族たちの多くはゲイではなかった。両性愛、いわゆるバイセクシュアルであり、男性だけでなく女性にも性的な欲望を抱き、性交渉も可能であった。ただ、頼長の場合、男色相手の数が驚くほど多いのだ。

棚橋光男氏の著書には「藤原忠雅《ただまさ》（公卿）・源成雅《なりまさ》（公卿）・佐伯貞俊《さえきさだとし》（実務官人）・源義賢《よしかた》（武士）・秦公春（随身）・某公方（舞人）・『家』（姓名・身分不詳）・弥里（雑色《ぞうしき》）な

ど雑多な階層に及ぶ」（『後白河法皇』講談社学術文庫）とある。

その名前が判明するのは、性行為をおこなった事実を先に紹介した日記（『台記』）に記しているからである。

ただし、現代のように日記はプライベートなものではない。当時の貴族の日記は、その家の宝として大切に保管されるものだった。なぜなら、先祖の日記には、さまざまな朝廷の儀式や典礼《てんれい》が事細かに記されているからだ。朝廷がおこなう諸儀式や年中行事には変化がない。いや、変化させないことが大事とされ、昔と寸分違わぬかたちで続いていた。

そんなわけで貴族たちは、先祖の日記を頼りに諸儀式や年中行事を大過なく執行するのである。つまりは、有職故実《ゆうそくこじつ》（礼式、装束などの古来の先例）の書でもあるわけだ。ゆえに、日記が高額で取り引きされることもあった。すなわち、日記というものは公的な記録であり、親族や他人に披露することを前提に記していたのだ。そんな公的な文章に男色体験を記すとは、いったい悪左府頼長はどんな神経をしているのだろう。

ちなみに以下が頼長が男色について記した箇所の一つである。

「かの朝臣（＝讃）、精を漏らす（＝射精する）。感情を動かすに足る。先々、常にかくの如きことあり。この道において往古に耻《は》ぢざるの人なり」「亥《い》の時ばかり（深夜十時前後）、讃丸来たる。気味《きみ》（＝快感）甚《はなは》だ切なり。遂に倶《とも》に精を漏らす。希有《けう》の事なり。この人、常にこの事あり。感嘆もっとも深し」（『前掲書』）

射精して快感を得たことが堂々と記されている。いかがであろうか。なんとも赤裸々《せきらら》な日記であろう。

特に武士の源義賢との男色についての記述はなかなかすごい。

「今夜、義賢を臥《ふしど》の内に入る。無礼に及ぶも景味《けいみ》（＝快感）あり。〈不快の後、初めてこの事あり〉」（『前掲書』）とある。著者の棚橋氏は、「『組み敷』かれて快感を得たのは、かれにとってほとんど初めて、初体験であった」と解説している。

つまり、寝床に武士の源義賢を招いたとき、下郎のくせに日頃鍛えている筋骨で頼長の体を押さえつけ、かつ、叩くなどして荒々しく犯したのである。はじめは不快だった頼長は、最後は快感を覚えてしまったようだ。

このように聡明で大胆で、性欲旺盛《おうせい》な野心家だった頼長だが、残念ながら聖徳太子の前に誓ったような為政者にはなれなかった。

頼長を偏愛する父親忠実の所業に危機感を募《つの》らせた忠通は、美福門院得子《びふくもんいんとくし》（鳥羽法皇の寵妃《ちょうひ》）に接近し、「近衛《このえ》天皇（鳥羽と得子の子）が早世したのは、忠実・頼長父子が天皇のことを呪詛《じゅそ》したからだ」と得子を通じて鳥羽法皇に密訴し、なおかつ、証拠までデッチ上げたのである。

これを信じた鳥羽法皇は、以後、二人を遠ざけるようになったとされる。

こうして失脚した頼長の寄りつく先は、同じように鳥羽に敬遠されていた崇徳上皇（鳥羽の子とされるが、じつは鳥羽の祖父白河《しらかわ》法皇の子らしい）のもとであった。

保元元年（一一五六）七月に鳥羽法皇が亡くなると、朝廷では後白河《ごしらかわ》天皇・藤原忠通方と崇徳・頼長方に分かれて対立が始まり、互いに懇意《こんい》な武士を招いて一触即発の状態となった。

頼長はこのとき、歴戦の兵《つわもの》源為朝《ためとも》を召して戦略について下問した。為朝は、「味方は小勢ゆえ、敵へ夜討ちを敢行すべきです。三方より火をかけ、敵が逃れ出てきたところを矢で射止めるのです」そう献策した。

すると頼長は「これは天皇と上皇の国争いである。夜討ちなどはもってのほか。軽率に行動せず、大和《やまと》や吉野《よしの》から援軍が来るまで動くべきではない」と却下した。これを聞いた為朝は怒気を含んだ口調で「後白河方についた兄の義朝《よしとも》は、今夜未明、かならず戦《いくさ》を仕掛けてくるはず。口惜しいことだ。きっと味方は今宵《こよい》、敵に襲われて逃げ惑《まど》うことでしょう」と大声で罵《ののし》りながら退出したという。

為朝の予想は見事に的中した。七月十一日未明、天皇軍がにわかに白河殿に襲来したのである。たちまち劣勢となった頼長は、屋敷を脱して逃亡に成功したものの、まもなく流れ矢が頸《くび》に当たって骨に達する傷を負い、そのまま落馬して動けなくなった。頼長は自分の生命の尽《つ》きるのを感じ、最後に一目、老父の忠実に会いたいと思った。忠実は奈良に逼塞《ひっそく》していたので、頼長は家臣の助けを借り、西山《にしやま》を越えて梅津《うめづ》に出、小舟に乗って大井《おおい》川《がわ》をわたり、木津《きづ》に着岸して十三日、忠実のもとにたどり着いた。ところが、瀕死《ひんし》の重傷を負いながらはるばるやってきた息子に対して忠実は、「摂関家の氏の長者で、弓矢に当たったぶざまな人物がいたろうか。そんな不運な者には会いたくない。早く遠くへ去れ」と言い放ち、門を固く閉ざしたのである。自分の保身のためだろう。

これを聞いた頼長は、憤怒《ふんど》のあまり、舌の先を食いちぎって吐《は》き捨《す》てたという。十四日午前十時、興福寺《こうふくじ》において頼長は永眠した。三十七歳であった。

あふれる政治意欲を持っていたので、もし彼が勝者になったら、政治改革が断行され、歴史も変わっていたことだろう。

2　あまりに情けない平氏の総帥・平宗盛の最後に隠された真実

寿永《じゅえい》四年（一一八五）三月二十四日、壇《だん》ノ浦《うら》の戦いがおこなわれた。源義経《みなもとのよしつね》・範頼《のりより》率いる源氏《げんじ》の大軍は、平氏《へいし》の拠点長門《ながと》国彦《ひこ》島（現在の山口県下関市）へ八百艘の軍船で向かった。一方の平氏は、五百艘の船団を仕立てて彦島をあとにして田ノ浦へ集結した。この船団には、平清盛《たいらのきよもり》の孫である安徳《あんとく》天皇やその母建礼門院《けんれいもんいん》、さらには女官たちも乗り込んでいた。平氏が自分たちの命運をかけて、この戦いに挑んできたことがわかる。

長門国赤間関《あかまがせき》の壇ノ浦の沖合が、源平最後の決戦場となった。戦いは早朝から始まったが、潮の流れをうまく利用したり、船頭や水夫を射殺したりして、予想外の戦いを展開した源義経の活躍によって平家の敗北となった。

平氏軍を指揮していた平知盛《とももり》は「もはや見るべきことは見た」と諦観《ていかん》して海に飛び込んだ。他の一門や幼い安徳天皇、女官たちも次々入水《じゅすい》、夕刻までに平氏一門はほとんどが海の藻屑《もくず》と消えた。

日本史の教科書には「壇の浦での海戦でやぶれた平氏一門は、安徳天皇とともにほろびた」（『新選日本史B』東京書籍）と記されている。ほかの教科書も同様ゆえ、読者諸氏は、当然、清盛の跡を継ぎ平氏の総帥《そうすい》となった平宗盛《むねもり》も、壇ノ浦で亡くなったと思っているだろう。

だが、宗盛はここで亡くなっていない。というより、死のうとしなかったのである。

宗盛の行動は、武士としてはあまりにも情けないものだった。平氏一門はみな海へ飛び込んだのに、宗盛は入水しようとせず、船の甲板《かんぱん》でおろおろし続けていた。これを見かねた郎党たちは、盛んに「敵の手にかかる前に自殺すべきです」と勧めたが、それでもためらっているので、ついに彼らは主君を押さえつけて海へ投げ込んだという。

宗盛の嫡子《ちゃくし》・清宗《きよむね》は、この様子を見て父のあとに続いた。ところが、二人とも泳ぎがうまく、重い甲冑《かっちゅう》のまま波間に浮かび続けていたのだ。このため、まずは清宗のほうが源氏方の伊勢三郎《いせのさぶろう》の船に引き上げられてしまった。すると、これを見た宗盛は、自分から伊勢三郎の船に近づき、捕虜となったという。

宗盛父子は京都に連行され、洛中《らくちゅう》を牛車で引き回されて見世物にされた。その後、源義経に連れられて鎌倉へ向かった。護送中、宗盛は何度も義経に「頼朝《よりとも》殿に助命嘆願《たんがん》をしてほしい」と頼み込んだという。義経は「配流されることがあっても、殺されることはないでしょう。もし殺されそうになったら私の勲功《くんこう》にかえてお助けします」と慰《なぐさ》めた。

ところが義経一行は、鎌倉へ入ることを許されなかったのである。後白河《ごしらかわ》法皇から勝手に官職をもらうなど、朝廷と親密な関係を結んだ義経に対し、東国の武士たちが強い不満を持ったので、頼朝は義経と袂《たもと》を分かつことにしたのである。ただし、宗盛父子は鎌倉入りを許され、頼朝と直接対面することができた。

このとき頼朝は宗盛に「自分は平氏を恨んでいません。平氏が朝敵となり、追討せよという院宣《いんぜん》（上皇の命令）を受けたので仕方なく戦ったまで」と伝えたという。しかし同時に頼朝は、宗盛に「讃岐権守《さぬきごんのかみ》平末国《すえくに》」という本人を嘲笑《ちょうしょう》する官職と名を下賜《かし》している。

いずれにせよ、義経は仕方なく宗盛父子を連れて、来た道をとぼとぼ京都へ引き返していった。途中、宗盛はいつ義経に殺されるかと、びくびくしていたが、ようやく京が近づいてきたので、息子の清宗に向かい、「どうやら命拾いしたようだね」と語りかけると、清宗は首を横にふり、「夏ですから首が腐ると困るので、都に近くなってから殺すのです」と応えたという。

案の定、近江《おうみ》国篠原《しのはら》まで来たとき、父子は突然別々にされた。このとき宗盛は、「清宗はどこにいる！　片時も離れたことがないのだ。最後は手を組み一緒に死を迎えようとしていたのに。私が海の底に沈まず、生き恥をさらしているのは、あの子のためなのだ！」

そう泣き叫んだ。

だが、引導を渡す僧侶に説得され、最後は西を向いて手を合わせながら念仏をとなえた。そこで、首斬り役の橘公長《たちばなのきみなが》が太刀を引き抜き、宗盛の背後に回った。いまや首が刎《は》ねられるという間際、「もう清宗は斬られたのか」そう宗盛は尋《たず》ねたというが、その直後、宗盛の首はストンと前に落ちた。土壇場においてまで、我が子を思い続けたのである。父親として合格点を与えられるが、平氏の総帥としてはまことに情けない最後であった。

ただ、いま私が書いたことは『平家物語《へいけものがたり》』にある宗盛の逸話がもとになっている。物語という性質上、史実とはいえないのだ。

確かに父の平清盛と比較すると、宗盛は凡庸《ぼんよう》な人物であった。実際、鎌倉幕府の正史である『吾妻鏡《あづまかがみ》』には、頼朝が壇ノ浦合戦の前、弟の範頼に対し、「宗盛は、たいへん臆病《おくびょう》な男だ。きっと自殺することなどできないはず。必ず生け捕りにして連れてこい」と命じたとか、鎌倉に連行されたおり、大江広元《おおえのひろもと》に対し、「出家するから助けてほしい」と泣いて命乞いをしたという記述もある。

だが、彼のせいで平氏が滅亡したわけではない。源平の争乱が不利に傾くなか、清盛が熱病で急死してしまい、三十五歳でにわかに一門の総師の立場に立たされたわけだから、おそらく宗盛でなくても平氏は滅んでいたことだろう。

それに、宗盛は福原遷都《ふくはらせんと》に強く反対して清盛と口論したり、敵対する比叡山延暦寺《ひえいざんえんりゃくじ》に対して「延暦寺を氏寺《うじでら》にする」という条件を提示して味方に引き入れようとしたり、奥州《おうしゅう》の藤原秀衡《ふじわらのひでひら》を陸奥守《むつのかみ》に任じて関東の頼朝を牽制《けんせい》しようとしたり、後白河法皇の院政を表面上復活させるなど、なかなかの策略家であったし、みずから総大将となって関東へ乗り込もうという計画も立てた。これは清盛の急死によって中止となったが、『平家物語』のような無能な人物ではなかったのである。

ただ、「祇園精舎《ぎおんしょうじゃ》の鐘の声、諸行無常《しょぎょうむじょう》の響きあり」で始まる『平家物語』の後世への影響は絶大で、情けない人物という評価が定着してしまったのである。

同じく、『太平記《たいへいき》』の高師直《こうのもろなお》、『仮名手本忠臣蔵《かなでほんちゅうしんぐら》』の吉良上野介《きらこうずけのすけ》もそうだろう。

ところで、どうして『平家物語』はこれほど宗盛をダメ人間に描いたのだろうか。

これについて研究者の佐倉由泰氏は、宗盛はあえて『平家物語』という作品のなかで「暗部」としての役割を担っているのだと指摘する。たとえば、本来なら清盛の跡を継ぐはずだった重盛《しげもり》（四十二歳歿）を「文武それぞれの理念を調和的に兼備した理想的な朝臣」として描き、そのような「重盛との対比」として宗盛の「負性、劣格性」を描いたり、「都落ちの不名誉な側面を宗盛がひとりかかえ込むことで、他の一門の人々の都を離れて行く姿が負のイメージをすべて払拭《ふっしょく》されて哀《あわ》れに美しく描かれている」（「『平家物語』における平宗盛―その存在の特異性をめぐって―」『信州大学教養部紀要 第27号』所収）など、いわば、宗盛に「暗部」を演じさせることによって、平重盛、平知盛、建礼門院など多くの登場人物たちが輝きを増す仕組みになっているというわけだ。

そういった意味で、宗盛は『平家物語』の犠牲者といってよいのかもしれない。

3 明治初年に突然加熱したウサギ・バブル

新型コロナウイルスによる感染症が流行する前から、国内ではたいへんなメダカ・ブームで、海外からも多数の顧客がわざわざ品種改良されたメダカを買いに来ていたという。なかには一匹一万円以上するメダカがいるというから驚きだ。令和三年（二〇二一）七月現在も、コロナ禍《か》で在宅が多くなったこともあり、空前のペットブームがおこり、メダカの人気も衰《おとろ》えていないそうだ。

ともあれ、これまである動物がにわかに人気になる現象はたびたび見られた。セキセイインコ、ハムスター、ウーパールーパー、オオクワガタなどがその代表だろう。

ただ、明治初年に流行《はや》ったウサギ・ブームは、いまから見ても異常といえた。

ちょうど明治四年（一八七一）あたりから、国内で珍しいウサギを飼うことが流行し始める。

どうやら、築地の居留地にいた外国人が珍しい毛色のウサギを国内に持ち込み、これを好事家《こうずか》が面白がって手に入れたのが始まりらしい。

「これは売れる」と踏んだのだろう、翌五年になると、変わった毛色や耳の形をしているウサギを、外国人たちが香港や上海などから次々に持ち込むようになり、なかには「兎《うさぎ》販売所」の看板を出す者まで登場した。

すると、ますます金持ちや華族などが喜んで購入するようになったのである。このため、外国産ウサギの値段は高騰していった。これを目の当たりにした士族、さらには庶民まで、投機の目的でウサギを飼育するようになったのである。

あちこちの料亭では「兎会」と称する会合が頻繁《ひんぱん》に催され、業者や金持ちが珍奇なウサギを持ち込んで競技会兼販売会を開いた。各地の菟会は大盛況で、会場の外に列をなすことも珍しくなかった。

特別に変わった色や姿のウサギだと、一羽二百円、三百円の値がついた。最高記録は明治五年の、耳の毛が黄色い六百円のウサギだった。

警察官の初任給がひと月四円の時代である。いかにその値段が法外なものであるかがよく理解できるだろう。

世間では、相撲番付に見立てた菟番付「東花菟《あづまはなうさぎ》全盛」が販売されたり、ウサギの名を冠した芝居が開かれたりと、まさにウサギ・バブルに浮かれていったのである。

こうなってくると、当然、悪い業者が現れる。

歌川芳藤「兎の相撲」(太田記念美術館蔵)

特別な薬品や西洋の絵の具を用いて白いウサギの毛をカラフルに染めつけて、それを本物だと偽《いつわ》って高値で売るなどの詐欺《さぎ》商法が出てきたのだ。

たとえば、明治五年七月、東京池之端《いけのはた》七軒《しちけん》町に住む志原弥三郎という男が白いウサギを一匹購入し、その毛色を薬汁で柿色に染め、同じ町内の長谷川太郎吉へ二円で販売した。さらにその後、知人の鈴木長吉の依頼で同じように白ウサギを柿色に染めたことが発覚。詐欺罪が適用され二円の罰金に加え、六十回の敲《たたき》と懲役《ちょうえき》六十日に処せられている。

一方、ウサギ熱にとりつかれ、自分の娘を売ってその金で変わりウサギを買おうとするバカ者も現れる始末だった。

さらには明治六年四月、ウサギをめぐってついに殺人事件まで発生してしまう。ウサギを百五十円で買うという者がいたが、父親が売り渡すことを思いとどまらせた。もっと値段が上がると期待したのだろう。ところがそのウサギは、その夜、頓死《とんし》してしまう。このため、父子で激しい喧嘩《けんか》になり、息子が父親を縁側から庭へ突き飛ばし、倒れた拍子《ひょうし》に父親は強《したた》か額を庭石に打ちつけ、そのまま亡くなってしまったのだ。

さすがに見過ごせないと東京府は、ウサギの売買市を禁止する通達を出した。しかし、バブルに浮かれた連中はまったく言うことを聞こうとせず、ますますウサギの売買は盛んになっていった。

そこで明治六年十二月、ついに東京府はウサギ税を導入することにしたのである。

ウサギを売買するさいは、買った者の名前をひかえておくよう業者に通達し、また、所有者は、役所に届け出るよう促した。そして、飼い主にはウサギ一羽につき月一円の税を毎月納めることを命じたのである。もし無断でウサギを飼育していたことがわかれば、一羽につき二円の罰金を徴収することとした。

一円といえば、当時は米が三〇キロぐらい買えてしまう。どんなに安くても、いまなら一万円以上はするだろう。しかも毎月徴収されるのだ。投機目的で数十匹買っていたら、税額はとんでもない金額になる。

だからこれを知って庶民はパニックになり、飼っているウサギをタダで町行く人にあげたり、川へ捨てたり、あるいは殺したり、肉として売ってしまった。このため河原の土手はウサギだらけになったという。

当然、ウサギの価値は暴落し、業者だけでなく金儲《もう》けしようとウサギの飼育に熱狂していた庶民のなかにも、財産を失って没落や破産する者が続出したという。

ただ、人間は懲《こ》りないものである。

数年後、ふたたび変わりウサギを買うことが流行し始める。どうやら業者が巧《たく》みに仕掛けたらしい。

人々はこっそり高値で珍しいウサギを手に入れ、これを飼って楽しんだ。

前回ほど高値にはならなかったが、それでも明治十二年になると、一羽数十円で取り引きされるケースが出てきた。

この状況を『朝野新聞』（明治十二年八月二日付）は、次のように記している。

「サア始まつた。兎の戦争が始まつた。昨今に至り牝《めす》でさへあれば何様《どん》な兎にてもその価三十円を下だらず、襟巻《えりまき》などは五、六十円位。朝夕に相場の刎《は》ね上る勢ひはさながら破竹《はちく》の如く、山師連は我もくと兎屋の看板を諸方にぶらさげ、身代の浮沈はこの一挙にありと、何れも狂気の如くなりと云《い》ふ」

だが、これに気づいた警視庁が隠し飼いをしている好事家を厳しく摘発し、どんどんと罰金を科していったため、ついに二度目のウサギ・バブルもはじけたのである。

4　国内に紙巻き煙草を広めた明治の「タバコ王」村井吉兵衛

昔は頻繁《ひんぱん》に流れていたタバコのCMを、もうめっきり見なくなった。タバコは健康に害を与えるということで、政府が規制対策をおこなったり、禁煙運動が展開されたこともあり、いまや成人男性の喫煙率は三割、成人女性は一割に満たない。私が子供の頃（昭和五十年前後）は八割の男性が吸っていたので、まさに愛煙家が激減したことがわかる。

そんな、健康被害をもたらす存在として標的になっているタバコゆえ、決して教科書には載せられないが、「タバコ王」と呼ばれた非常にユニークな人物がいるので紹介しようと思う。それが村井吉兵衛《むらいきちべえ》だ。

明治時代になると、西洋の紙巻き煙草《たばこ》が日本に入ってくる。これに目をつけた村井吉兵衛は、独学で製造方法を学んで販売を開始。その後、安いタバコ葉を大量に輸入し、紙巻き煙草の製造・販売に乗り出し、アメリカ大手のタバコ会社と合弁会社を設立、工場を機械化して大量生産に成功、さまざまな宣伝を用いてライバルたちを圧倒し、明治の「タバコ王」にのぼりつめたのである。

明治のタバコ王、村井吉兵衛（たばこと塩の博物館所蔵）

そんな吉兵衛は、文久《ぶんきゅう》四年（一八六四）に村井弥兵衛《やへえ》の次男として京都に生まれ、小三郎《こさぶろう》と称した。九歳のとき、煙草商の叔父吉兵衛（初代）の養子となり、家督を継いで名を吉兵衛（二代目）と改めた。江戸時代は、煙草の葉を刻んで煙管《きせる》に入れて吸ったので、煙草商というのは「刻み煙草の葉」を売る店だった。

明治十七年（一八八四）、二十一歳のときに吉兵衛は風邪をこじらせ、医師のJ・C・ベリーから入院治療を受けたが、そのときベリーに借りた本『百科製造秘法』のなかに、紙巻き煙草のつくり方が図入りで書かれてあった。煙草商なので強く興味を惹《ひ》かれたが、洋書だったので文章が読めない。そこで知人に翻訳してもらって読破し、紙巻き煙草の製造販売を思い立ったのである。

先述のとおり、明治時代になると紙巻き煙草が輸入され始めたものの、国内の製造業者はまだ少数だった。日本で本格的に紙巻き煙草を製造販売したのは、元彦根《ひこね》藩士の土田安《つちだやす》五郎《ごろう》だといわれる。明治五年のことである。それからまだ十年ちょっとしか経っていない。だから、大きなビジネスチャンスがあると考えた吉兵衛は、養父の許可を得て東京や北海道へ赴《おもむ》いて研究を重ね、商品開発に猛進した。

ようやく新製品の見込みが立ったある日、疲れて仕事場で寝てしまった吉兵衛は、鮮やかな太陽が昇ってくる夢を見た。そこで新商品名を「太陽」にしようかと考え、医師のベリーに相談したところ、ベリーは太陽が昇るという意味の「サンライス」はどうかと勧めてくれた。喜んだ吉兵衛は、明治二十四年（一八九一）に「サンライス」と命名した銘柄の紙巻き煙草を売り出したのである。

銘柄が英語でパッケージも洋風なうえ、「両切煙草」という珍しい形式だったので「サンライス」は世間の話題になった。さらに箱のなかに、美人画や風景画を入れたので、子供がオマケ欲しさに「サンライス」を父親に買ってほしいとせがむようになった。こうして吉兵衛は大きな利益を得たのだ。

しかし、吉兵衛はこれに満足しなかった。香りがいまひとつだと考え、明治二十六年、なんと思い切ってアメリカへ渡ったのである。そこで、タバコづくりの最新状況を見学するとともに、各州をまわってタバコ葉の一大産地を見て回った結果、良質で安価な葉を大量に輸入し、それを原料に紙巻き煙草をつくることに決めたのである。こうして明治二十七年、輸入葉を用いた新しい銘柄「ヒーロー」を発売したところ、爆発的なヒットになった。

　同年、吉兵衛は「合名会社村井兄弟商会」を創設、兄や親族、さらに有能な若者を次々と自社に迎え入れ、事業を急成長させていった。ただ、会社の成功は、時流のおかげでもあった。ちょうど同年、日清戦争が勃発したのである。このため、タバコは内地の人々が大量に購入し、慰問品として兵士のいる戦地へどんどんと発送されたのだ。また、陸海軍も兵士たちに軍用煙草を支給したが、いち早くこれに目をつけた吉兵衛は、ちゃっかり陸海軍御用達《ごようたし》におさまった。

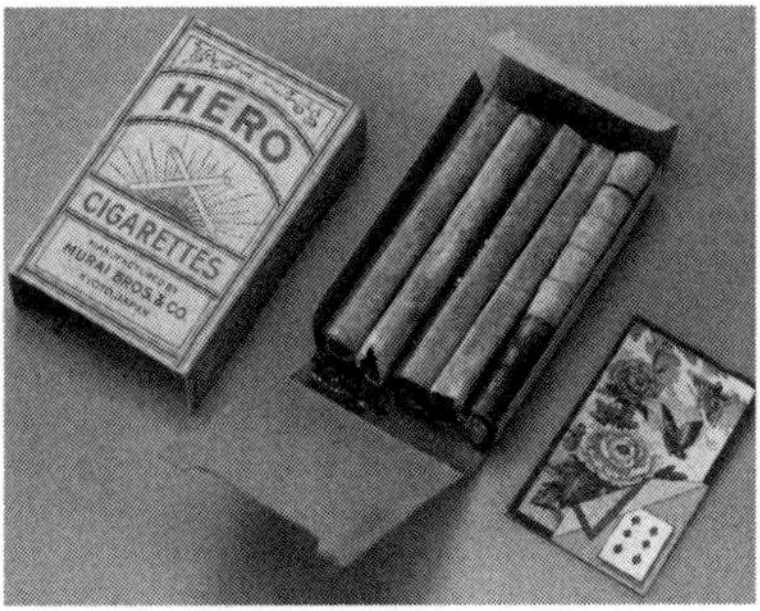

美しいカードが入っていたタバコ「ヒーロー」（たばこと塩の博物館所蔵）

　明治三十二年にはアメリカの巨大な煙草企業「アメリカン・タバコ社」と提携し、資本金一千万円で株式会社村井兄弟商会を創設、以後、アメリカン・タバコ社の「カメオ」「オールド・ゴールド」といった売れ筋商品はすべて、村井兄弟商会が製造元となって販売されるようになった。アメリカン・タバコ社が吉兵衛に提携を持ちかけたのは、日本が列強諸国との関税自主権（一部）を回復し、関税の引き上げが予測されたからだった。

一方吉兵衛は、この資本力を活かしてアメリカからタバコ製造機を輸入したり、池貝《いけがい》製作所に機械の製造を発注するなどして工場の機械化を進め、タバコの大量製造に成功した。さらにみずから上海を視察するなどして、清《しん》国や朝鮮にも販路を広げていった。

吉兵衛は常にどうしたら商品が売れるかを考えており、上海に赴いたとき、中国人が商品を選ぶさい、タバコの箱を手に取って重いほうを選ぶことを見抜き、ほかのタバコより重くして売り上げを伸ばしたと伝えられる。

さて、そんな吉兵衛のライバルとなったのが、岩谷《いわや》商会の岩谷松平《まつへい》であった。薩摩《さつま》藩の郷士《ごうし》の家に生まれた松平は、明治十一年から東京に呉服などを商う店を出し、明治十三年からタバコ店を開き、輸入タバコの販売を始めた。その後、岩谷商店を開いて口付き煙草「天狗《てんぐ》煙草」を発売して利益を上げたが、岩谷商会本店や工場は、度肝を抜く外装だった。壁を真っ赤に塗りたくり、薩摩の島津氏の家紋「丸十字」を横一列に貼りつけ、玄関上に巨大な天狗面を飾りたてたのである。とにかく目立つことで宣伝になると考えたのか、自分も真っ赤な外套《がいとう》を羽織《はお》って外を歩いたという。こうして短期間で松平は、岩谷商会を日本屈指のタバコ会社に成長させた。日清戦争のときには、天皇から下賜《かし》される「恩賜《おんし》煙草」を初めて製造する許可を与えられている。

ただ、松平のほうが吉兵衛より数年早く「天狗煙草」を発売していたから、「サンライス」や「ヒーロー」のヒットは面白くなく、日清戦争前後から吉兵衛をライバル視するようになり、ここにタバコ戦争といわれる宣伝競争が勃発するのである。

岩谷松平は村井吉兵衛とは異なり、国産のタバコ葉を用いていることを強調し、自分を国益の親玉と称し、「国益天狗」「輸入退治天狗」といった、明らかに吉兵衛を揶揄《やゆ》する銘柄タバコを売り出したのである。同時に東京市中で路上生活をする少年三十人を雇い、職業訓練をさせたうえでタバコをつくらせたり、貧しい家庭の女性たちを率先して雇用したりした。ただし、それはあくまで宣伝のためだった。「岩谷商会は「慈善職工十万人」や「慈善婦女職工十万人」を雇って、国産のタバコ葉を原料に機械を使わず、手巻きでタバコをつくっている」と大々的に新聞などで喧伝《けんでん》したのである。もちろん「慈善職工十万人」などという数字は大法螺《ぼら》だった。

さらに松平は、タバコの宣伝に美しい裸の女性（後ろ姿）を描いた団扇《うちわ》や暦《こよみ》付きポスターを配ったり、当時はまだ珍しかった自転車をたくさん購入し、宣伝部隊を組織して町を走らせたりしたのだ。

しかし、吉兵衛も負けていなかった。先述のとおり、煙草の箱におまけカードを入れたり、人気の市川団十郎（九代目）の姿を描いた手ぬぐいを記念品として配布したり、山車《だし》を用い音楽隊を組織してにぎやかに町を練り歩かせたりしたのである。また、印刷会社をつくって美しいタバコの絵柄を印刷した。これによって日本の印刷技術は大いに向上したと評価されている。さらに、新工場の屋上に塔を建てたさい、そこに当時としては珍しいサーチライトを備えつけ、人々の度肝を抜いたのだ。

だが、波紋を呼んだのが、京都市岡崎《おかざき》で明治二十八年に開かれた内国勧業博覧会（第四回）であった。

吉兵衛は会場の背後にある京都東山《ひがしやま》に、さらには如意《にょい》ヶ嶽《たけ》、四条《しじょう》大橋などに「サンライス」「ヒーロー」という巨大な広告文字を取りつけたのである。とくに東山のそれは、一文字が一間（約一八〇センチ）四方だったので、京都の人々は風光明媚《めいび》な京都の美観を損ねると非難した。京都には明治天皇が近く行幸《ぎょうこう》することも決まっていた。そこでついに警察が動き出し、吉兵衛に景観を損ねるから撤去せよと迫ったのである。吉兵衛はこれに素直に応じたが、この話は新聞で大いに報道され、逆に宣伝効果を高めた。これが吉兵衛のねらいだという説もあり、事実なら大した策略家だといえよう。

八年後の内国勧業博覧会（第五回）では、大阪今宮《いまみや》会場に高塔を建てて電飾やサーチライトで飾りたてるなど、人目を驚かせる宣伝を展開した。

ただ、やりすぎて失敗することもあった。明治三十年（一八九七）に新商品「バージン」を発売したさい、金時計や自転車が景品として当たると大々的に宣伝したため、人々が殺到し、なかには数百箱まとめ買いする者も現れた。だが、やがて景品は小冊子に過ぎないといった噂が流れると、これを信じた大衆が村井兄弟商会の日本橋室《むろ》町の店に乱入して、打ちこわしをおこなったのである。

いずれにせよ、宣伝に関しては吉兵衛のほうが松平より一歩上をいっていた。これを不満としたのか、松平は吉兵衛に対して個人的な攻撃を始めた。松平は宣伝競争だけではなく、公然と吉兵衛を「国賊《こくぞく》」と非難するようになっていった。

するとこの頃（明治三十四年十月）、会社や実業家・政治家などを攻撃する人気連載を掲載していた大衆紙『二六新報』が、松平の個人攻撃を開始した。松平は豪放磊落《らいらく》な人物だったが、大法螺吹きで傲慢《ごうまん》な人物だといわれ、決して褒《ほ》められたものではなかった。多数の妾《めかけ》を抱え、生まれた子供も五十人以上いたという。まさに精力絶倫だ。ゆえに攻撃材料にも事欠かず、数か月にわたって『二六新報』の攻撃は続いた。とくに問題にしたのは、やはり女性関係だった。十三歳の松尾キクという少女に店を開かせてやったのは、慈善事業ではなく私欲のためだったと報道したのだ。

だが、じつはこの『二六新報』の松平攻撃は、吉兵衛が裏で糸を引いていた。自分を攻撃する松平に腹を立てた吉兵衛が、ついに大規模な反撃に転じたのだ。吉兵衛は松平の記事が載る『二六新報』を大量に買って、市中にばらまくなどしたという。また、「夜陰に乗じ村井店員数名が京橋区の片山たばこ店にかかっている天狗の看板を打ちこわした」(大渓元千代著『たばこ王・村井吉兵衛―たばこ民営の実態』世界文庫)というから、吉兵衛の所業も松平のそれと変わらず、褒められたものではなかった。

これに対抗して松平は、『国益新聞』なるものを創刊して対抗したが、キクのことが報道されると、とうとう白旗をあげ、謝罪広告を『二六新報』に出したのである。

だが、このタバコ戦争は長く続かなかった。それから三年後の明治三十七年(一九〇四)、政府が煙草専売法を施行し、民間企業の製造・販売ができなくなったのだ。

こうして吉兵衛のタバコ事業は終わりを告げたのである。

なお、吉兵衛はアメリカの政財界を巧《たく》みに動かし、このおり巨額の賠償金を獲得している。そしてその資金を元手に村井銀行や村井本店を設立、石油、石炭、農場、汽船、貿易、製糸など多角的な経営を展開し、実業家として大きな成功をおさめたのである。

5　新札の肖像になる二人の、あまり触れられたくない真実

歴史人物が教科書で紹介されるさいは、いわゆるそのハイライトシーンが紹介されるだけで、紙片の都合上、その生涯が詳述されることはない。ましてや不都合なことは、その伝記にすら出てこない。

そこで本項では、新札になる渋沢栄一《しぶさわえいいち》と北里柴三郎《きたさとしばさぶろう》のあまり触れられたくないであろうエピソードについて、あえて掘り下げていこうと思う。

３章で、新札になる渋沢栄一と津田梅子《つだうめこ》について紹介したので、最後の北里柴三郎につ

北里柴三郎（国立国会図書館所蔵）

いても簡潔にその生涯を語ろう。

肥《ひ》後《ご》熊本《くまもと》藩の農村に生まれた柴三郎は、東京医学校を経て内務省に入り、明治十八年（一八八五）に官費でベルリン大学に留学する。同大では有名なコッホに学び、破傷風《はしょうふう》菌の血清《けっせい》療法を開発するなど大きな業績をあげた。このため外国の大学から誘いを受けるが、日本の伝染病予防に寄与するため、その招きを断って帰国した。そして、政府に対し、公的な伝染病研究所の設置を訴えたものの、実現の見込みが立たなかった。

柴三郎は苦悩するが、そんな彼の窮状を救ったのが福沢諭吉《ふくざわゆきち》だった。私財を投じて伝染病研究所を設立してくれたのだ。赤痢《せきり》菌を発見するなど目覚ましい成果をあげたので、政府はこの伝染病研究所を内務省の管轄《かんかつ》とした。

ところが、大正時代になって大隈重信《おおくましげのぶ》内閣は、柴三郎に相談なく行財政整理の一環として研究所を文部省に移管し、東大の附属にしてしまう。反発した柴三郎は、所長職を投げ捨てた。すると、職員たちも辞職してしまったのである。勇気づけられた柴三郎は、新たに私設の伝染病研究所を設立する。それが北里研究所である。

晩年は慶應義塾大学医学部の創立に尽力し、医学部長に就任する。いうまでもなくそれは、故福沢諭吉の恩に報いるためであった。また、生活困窮者のための済生会病院が建設されると、柴三郎は院長職を引き受け、一切の報酬を受けることなく、貧しい人々を救い続けた。さらに大日本医師会（現在の日本医師会）を創設して初代会長に就任、公衆衛生や健康保険制度の実現につとめた。

このように、新札に選ばれた渋沢栄一と北里柴三郎の共通点は、不条理な「官」での安定した生活を捨てて民間で大成したことであり、国の発展や他人のために尽《つ》くしたことであった。

栄一のほうが柴三郎より十三歳年上だが、奇《く》しくも同じ昭和六年（一八三一）に亡くなっている。

つまり同時代を生きたわけだが、調べたかぎりでは二人が親しかった形跡はない。先に述べた済生会理事会で一緒の会合に参加したり、結核《けっかく》予防協会発会で栄一が副会頭、柴三郎が理事長を務めたり、栄一が柴三郎の結核予防の講演を聞いたことはわかっているが、単なる知り合いの域を出なかったようだ。

さて、ここからは当人たちは隠しておきたいだろうが、二人ともずばぬけて女好きだったという共通点がある。

栄一は花柳《かりゅう》界で遊び歩き、複数の愛人を抱えていた。几帳面な栄一は毎日日記をつけていたが、妾宅《しょうたく》に行くときはさすがに「妾《めかけ》」とは書かず、「一友人」を問うと記していた。当時、「妾」のことをフランス語をもじってアミイと呼ぶのが東京で流行していたが、そんなアミイの存在を知った栄一の四男の秀雄は、『父 渋沢栄一』（実業之日本社文庫）で次のように回想している。

父の「社会的な活動は則天去私《そくてんきょし》に近かったろうが、品行の点では青少年の尊敬を裏切るものがあった」「中学二、三年頃は私も父の一友人に憤慨したが」「一生を通じて父のアミイを苦にしたのは母である。その友人には芸者もいたし、家に使っている女中もいた。現に「一友人」の子の一人は一高のとき私と同級になり、現在もなお半分他人のような、半分兄弟のような交際をつづけている」。

驚くべきことに、栄一は屋敷の「女中」にも手を出していたのだ。実際、性的な関係を結んだ女性の数はわからないくらい多かったといわれる。それにしても、同級生が父の隠し子というのは、息子の秀雄にとって複雑な気持ちだったろう。

こんな話もある。

栄一の会社の専務だった植村澄三郎《うえむらちょうざぶろう》がどうしても火急の用があって、日本橋浜町《はま》の栄一の「一友人」宅へ出向いた。そして、取り次ぎの女性に「急用があるので社長に会いたい」と面会を求めたところ、家の奥の部屋から栄一がその女に大きな声で言った。

「こんな所に渋沢がいるはずはありません。もしご用がおありなら、明朝自宅のほうをお訪ねください。そう申し上げなさい」

これは、植村に「公私の区別をわきまえよ」と諭《さと》すためだったというが、仁徳が服を着て歩いているような栄一も、性欲は妻だけでは到底満足できなかったようだ。

じつは、北里柴三郎もその性癖はまったく同じだったのである。

親分肌で湯水のように花柳界で金を使い、富豪の浅野総一郎《あさのそういちろう》と芸者の水揚《みずあ》げ競争をしたりし、新橋の芸者を妾にして子供をつくっている。子孫に美田を残さずではないが、とにかく大盤振る舞いの人であった。

通常、こうした芸者遊びは、当人の伝記には一切記されることはないが、柴三郎の場合、あまりに有名すぎて触れないわけにはいかなかったようで、宮島幹之助・高野六郎編『北里柴三郎伝』（北里研究所）には次のように記されている。

「少壮気鋭の時代、人は多少花柳の趣《おもむき》を解するが、先生も必ずしも其《そ》の例外ではなかつた。独逸《ドイツ》より帰朝後、暫《しば》くの間は事志と違ひ、不平もあつたであらうし、従つて悶々《もんもん》の情を酒杯の間に忘れんとしたのも神仏ならぬ身には許さるべきであらう。巷間《こうかん》伝ふる所の多少の艶話《つやばなし》も先生元気旺盛《おうせい》の一余沫として之を笑殺《しょうさつ》すべきものであらう」

若い頃に志が実現しない欲求不満から花柳界に出入りするようになり、神仏の身ではないので、多少の艶話もあるのは「笑って許してやってほしい」とは、何とも苦しい弁解に聞こえる。

さて、最後にもう一つ、栄一と柴三郎の共通点を紹介しよう。

それは、後継者の育成に失敗したことである。

まじめな栄一は、渋沢家をのちのちまで繁栄させようと「家法及家訓」を定めている。お堅い条文がずらずらと並んでいるが、その一つに以下のような一条がある。

「凡《およ》ソ子弟ニハ卑猥《ひわい》ナル文書ヲ読マシメ、卑猥ナル事物ニ接セシムヘカラス、又芸妓《げいぎ》芸人ノ類ニ近接セシムヘカラス」

自分が頻繁に芸妓を近づけているくせに、ずいぶん勝手な家訓だと思うが、おそらく栄一は「私は特別だから大丈夫だが、自分と同じ血が流れている子孫たちは、こうしたことを書いておかないと、卑猥なことに熱中したり、花柳界に入り浸《びた》って資産をなくしてしまう可能性がある」と心配したのかも知れない。

実際、長男で跡継ぎの篤二《とくじ》は、熊本の第五高等中学校に在学中に、学校に行かずに遊所の女性と遊ぶようになったようで、結局、熊本から連れ戻され、謹慎させられている。

明治二十八年（一八九五）、二十四歳の篤二は公家の橋本敦子《はしもとあつこ》（十八歳）と結婚し、明治三十年には渋沢倉庫部（現在の澁澤倉庫株式会社）の部長（支配人）となり、明治四十三年、社長となる。けれど経営には熱が入らず、趣味の世界に生きるようになった。

佐野眞一著『渋沢家三代』（文春新書）よれば、「篤二の趣味は、義太夫《ぎだゆう》、常磐津《ときわづ》、清元《きよもと》、小唄《こうた》、謡曲《ようきょく》、写真、記録映画、乗馬、日本画、ハンティング、犬の飼育と、きわめて多岐にわたっていた。そのいずれもが玄人《くろうと》はだしだった」という。

栄一の息子の秀雄も長兄の篤二のことを「常識円満で社交的な一面、義太夫が上手で素人離れしていた。諸事ゆきとどいている上に、ユーモラスでイキな人だった」（『父 渋沢栄一』）と回想している。

そんな篤二は明治四十四年、ある芸者に惚《ほ》れ込み、妻を家から出してその芸者を家に引き入れると言い出したのである。新聞がこの醜聞《しゅうぶん》を嗅《か》ぎつけて報道したことで、栄一は仕方なく篤二を廃嫡《はいちゃく》することに決め、大正二年（一九一三）一月に東京地裁へ「身体繊弱《せんじゃく》」という理由で篤二の廃嫡申請を提出、正式に廃嫡が決まったのである。栄一の跡継ぎは、篤二の嫡男・敬三《けいぞう》となった。いずれにせよ、栄一は後継者の育成に失敗したのである。

じつは北里柴三郎も、同じように長男の醜聞《しゅうぶん》のために苦しんでいる。

三井物産という大企業に勤めていた長男の俊太郎《しゅんたろう》は、妻がいるにもかかわらず、若い芸者の琴寿と恋仲になり、なんと、中禅寺湖《ちゅうぜんじこ》に身を投げ心中をはかったのである。

このとき琴寿は溺死《できし》したが、幸い、俊太郎は命をとり留めた。マスコミにはかっこうの醜聞で、大々的に報道されてしまう。

柴三郎は息子のしでかしたことだったが、ひどく責任を感じ、慶應義塾医学部長の職を去ろうと決める。大学関係者は、辞意を撤回してもらうべく慰留につとめたが、柴三郎の決意は固かった。

ところがまもなく状況は一変する。噂を聞きつけた医学部の学生たちが、「北里先生留任懇願《こんがん》の会」を開き、代表者十一名が北里邸へ押しかけ本人に直訴《じきそ》したのである。

このとき学生の一人が柴三郎に「おやじは本当に辞職されるんですか」と尋《たず》ねると、柴三郎がうなずいて「俺も男だ。嘘《うそ》は言わん。この不始末は教育者として自決のほかに途《みち》はない」と断言したのである。

すると学生は「おやじは不人情です。一人の息子ばかりが子供だと思つてゐますか。第二の我々子供はどうなつてもいゝと云ふんですか。（略）親爺に去られて我々は一体明日からどうすればいゝんですか。学校には幾百人の同志が我々のよい返事を待つて居ます。留任すると一言云つて下さい、言つて下されなければこの十一人は死んでも此処《ここ》を去りません。どうしておめおめと同志に会はせる顔がありますか」（『北里柴三郎伝』）と切々と訴えたのである。

さらに別の学生が「あんたが入学した以上は自分に信頼して、学校の内輪の事なんか心配しないで勉強してくれ、大船に乗つたつもりで居てくれと言ひなはりましたことを、今も尚《なお》判然と覚えて居ります。又今が今まで……先生の両袖《そで》に縋《すが》つて……私どもは……今は……誰を……たよりに……」(『前掲書』)そこまで言って、この学生はついに泣き出したのだ。

情にもろい柴三郎は学生たちの姿を見て、「俺も此年まで色々の事件に遭遇して来た男だ。時には政府を向ふに廻して戦つて来た。然《しか》し此度といふ此度はお前達に負けた。よし留任する」(『前掲書』)と潔《いさぎよ》く前言を撤回し、慶應に残ることを決めたのだった。すると学生は狂喜して十一人が一斉に柴三郎に強く抱きついた。驚いた警備の書生が、柴三郎が乱暴されたのかと飛び込んでくるほどだった。いずれにせよ、いかに柴三郎が人望に厚い人物だったかがわかる。

有名人のバカ息子が不始末をしでかして親が謝罪に追い込まれるというパターンは極めて多いが、このように渋沢栄一も北里柴三郎も長男には泣かされたのである。

6 小学校の統廃合問題と村の分裂騒ぎ

令和二年(二〇二〇)の出生数はたったの八十四万人だった。第二次ベビーブーム期(昭和四十六～四十九年）には毎年二百万人以上の子供が生まれていたわけだから、たった半世紀で半分以下に減ってしまったことになる。コロナ禍《か》ということもあるが、これは政府の試算よりずっと減り方が早い。あと五十年で日本の人口は半減するというが、この状況と高齢化を考えると、もっと早いスピードで日本人は消えていくのではないかと心配になってくる。

子供の数が減るわけだから、当然、小学校も統廃合《とうはいごう》によって急減している。たとえば平成十一年（一九九九）からの二十年間で、なんと四千二百校以上の小学校が消失したのである。

小学校という教育施設は、明治五年（一八七二）に文部省が出した「学制《がくせい》」によって誕生した。公布からわずか五年後には二万五千の小学校が生まれたというから、スゴイ速さで設置されていったわけだ。ただ、設置費用や教員の給与などは住民負担だったので、明治初期には学校反対一揆《いっき》が起こったことは別項で述べたとおりだ。

では、その後も小学校は、地域のお荷物だったかといえば、むしろまったく逆である。明治の半ばになると教育の大切さが認識され、多くの住民が金銭の寄付や教材を寄贈するなどして、小学校の維持に積極的に協力するようになった。また、町村費で運営されていることもあり、小学校は町や村の大事な共有財産だと意識され、村人の集会や国の行事、出征兵士の壮行会なども小学校が利用された。まさに「おらが小学校」というのがふさわしかった。

ところで、平成の大合併では多くの市町村が合併したが、じつは明治二十一年(一八八八)に「市制町村制」が施行されるさい、明治の大合併が断行されている。それまでの町村は、基本的に江戸時代の村落が踏襲されていたが、百人規模の小さな村も少なくなかった。そこで政府は、約三百から五百戸を標準として合併を命じたのである。この結果、なんと町村の数はたった五分の一に減少してしまった。

では、各村の小学校はどうなったのだろうか。じつは、大半が統廃合されることなく、そのまま存続したのだ。やはり旧村(大字《おおあざ》)の人々の思いが詰まっているからだろう。だが政府は日露戦争後、市町村に小学校の合併を促したのである。

日露戦争は総力戦ともいうべき戦いで国民は大いに戦争に協力したのに、賠償金が一円も取れず、結果、とくに農村部は疲弊してしまった。そこで内務省が中心となって、市町村の維持をはかるため、財政の改良・再建運動を開始する。これを地方改良運動と呼ぶが、その運動の一つに小学校統合があったのである。村内に分立する複数の小学校を一つにまとめ、財政負担の軽減をはかるとともに、根強く存在する旧村（大字）どうしの確執や対立を解消しようとしたのだ。

だが、この小学校統合問題は、あちこちで大きな波紋をもたらすことになった。

南多摩《みなみたま》郡忠生《ただお》村（東京都町田市の一部）の例を紹介しよう。

明治四十年（一九〇七）六月、南多摩郡長から忠生村に対し、村内の尋常小学校四校と高等小学校一校を合併するよう諮問《しもん》があった。そこで村議会では、尋常高等併立の一校と分教場一つを設置すると郡役所に答申している。

当時、忠生村には五つの小学校があった。向明《こうめい》尋常小学校（図師《ずし》・山崎《やまざき》地区）、小山田《おやまだ》尋常小学校（下小山田地区）、有隣《ゆうりん》尋常小学校（上小山田地区）、誠意《せいい》尋常小学校（木曽《きそ》・根岸《ねぎし》地区）、忠生高等小学校（忠生村全体。四年制の単独校。向明小学校に隣接）だ。

統廃合を求められたとき、忠生村の東地区（図師・山崎・下小山田）は統合に消極的であったが、西（木曽・根岸・上小山田）地区は積極的だった。

だが、なかなか統廃合問題は話が進まなかったようで、村会議員たちが何度も協議会を開いて、ようやくそれから三年近く経った明治四十三年三月、村議会に小学校統合に関する議案が提出された。

「五校を統合した尋常高等小学校を図師大橋坂上に建て、分校を上下小山田内へ一か所設置し、備品や校具、余剰金は各校から持ち寄る。ただし、向明尋常小学校は例外とする」というものだった。

議案が出ると、西地区の上小山田区の議員が急に、「同地区の子供たちは、義務教育の六年間、新しく統合された小学校に通わずに済む」という修正案を提出したのである。しかも、わずか一票差で修正案のほうが可決されてしまったのだ。すると東地区（図師・山崎・下小山田）の議員八名は即日、議員辞職願いを提出した。

なぜなら、これまで統廃合問題は何度も話し合われ、議員たちが納得のうえで村会に原案を提出したのに、まさかの修正案が提出されたうえ、可決されたことに激怒したのだ。

すると翌四月の村会で、先の上小山田区の議員が「小学校統合をめぐる今回の議員たち辞職は軽挙であり、正当な理由はない。彼らの公民権を停止すべきだ」と主張。出席議員がすべて西地区出身だったので、この意見は満場一致で可決された。かくして忠生村会は、公民権停止の決定通知書を辞職議員たちに送付した。

不満を持った東地区の元議員たちは、南多摩郡長に公民権停止処分の取り消しを請願した。しかし結局、南多摩郡長は「三名の議員については公民権停止が妥当《だとう》」との結論を忠生村村長に伝えた。

その後、退職した議員の補欠選挙がおこなわれ、六月に村会が開催されたが、新たに選出された東地区の議員八名は全員が欠席した。こうして忠生村は東西分裂によって議会の機能がマヒする状況に陥《おちい》ってしまったのである。

こうした状況のなか、地元の衆議院議員がこの問題の解決に乗り出してくる。七月に立憲政友会の村野常右衛門《むらのつねえもん》衆議院議員が紛争仲裁のため忠生村に来村した。ただ、この日だけでは決着がつかなかったようで、九月にも仲裁をおこなった。同じく代議士の森久保作蔵《もりくぼさくぞう》もやってきた。こうして翌明治四十四年、当初の原案が可決されたのである。

こうした騒動が起こったのは忠生村だけでなかった。保坂一房著「学校建設と地域社会」（『多摩のあゆみ　100号』たましん地域文化財団　所収）に南多摩郡小宮村の事例が詳しく載っているので、この論文を参考にして騒動を紹介しよう。

明治四十年一月、小宮村の村会では、「村内の三小学校を廃して新たに小宮村立尋常高等小学校と二分教場を設置する」という南多摩郡長の諮問案を可決する。ところが村民の一部が新設される小学校の位置関係をめぐって激しく反発し、それが高じて村会議員十二名のうち五人が辞職した。このため地元の代議士の森久保作蔵らが調停に乗り出すが、四月の村会議員選挙では反対派八名、賛成派三名が当選、小学校新設は頓挫《とんざ》する方向になった。

ところが内田濤次郎《うちだとうじろう》村長は、学校建築納税告知書を村民に配布するなど、新設の方向を曲げず、反対派との間で大きくもめた。さらに内田村長は、南多摩郡参事会に裁決を仰《あお》ぎ、参事会は村会が決めた新築延期を取り消したのである。

すると小宮村会はこれに反発し、東京府知事に訴請願書を上申。さらに、村民たちが九月末から反対のための集会を繰り返し、十月になると内務《ないむ》省と東京府へ請願するため約三百名が大挙して甲州街道を徒歩で東京へ向かうなど大騒動に発展する。

そこでふたたび森久保作蔵ほか、八王子《はちおうじ》町長、日野《ひの》町長、稲城《いなぎ》村長や府会議員などが仲裁に入るが、双方ともなかなか納得しない。このため再度代議士の村野常右衛門も加わって話し合いを重ね、十一月、ようやく仲裁案を受け入れて落着することになったのである。

このように日露戦争後の小学校の統廃合は、地域にスムースに受け入れられず、何かしらの問題が発生している。それほど地元の人々にとって、自分たちが長年維持・運営してきた小学校は、愛着のある存在だったのである。

おわりに

本書をお読みいただき、心より感謝いたします。

さて、いかがでしたでしょうか。改めて歴史というものが、研究の進展によって変化していくものだと実感していただけたのではないかと思います。

ただ、書いていてショックだったのは、坂本龍馬に対する業績の変化でした。薩長《さっちょう》同盟を仲介していなかったとか、船中八策《せんちゅうはっさく》はフィクションだったなど、本文でも述べたとおり、龍馬に憧れて歴史の世界に入った私には衝撃的な新説でした。ただ、それでも龍馬の歴史的評価は変わらず高いことに、内心ホッといたしました。

今回は、教科書の変化や新説だけでなく、教科書に載せたい日本史という項目を設け、知られざる歴史や人物、驚くような事件をいくつも紹介しましたね。

「うつろ舟」の女性は、やはり宇宙人だったのでしょうか。こうした不可思議な逸話は、数え切れないほど史料のなかに登場してくるのです。もちろん、そのほとんどはフェイクだったり、見間違いだったりするのでしょうが、アメリカ政府もＵＦＯ（未確認飛行物体）

を公認したように、得体の知れないものは昔から存在していたようです。

教科書のページには限りがあるので、文中に登場する人物や事件は、日本史全体のごくごくわずかなものに過ぎません。本書では、温泉を経営する大名や台湾で神様として祀《まつ》られている日本人など、教科書に載らない知られざる逸話をいくつも紹介しましたが、本書を読んで歴史に興味を持たれた方は、ぜひご自分の住んでいる地域や職場など、身近なところの歴史を調べてみるとよいでしょう。もしかしたら、スゴイ偉人が眠っているかもしれません。まだまだ日本史は、奥深いのです。

私はそうした知られざる歴史を発掘することを、今後、一つのライフワークにしていこうと考えています。そして、その成果をいつか提示させていただくつもりです。どうぞ、その日を楽しみにお待ちいただければと存じます。

このたびは、本書をお読みいただき、本当にありがとうございました。

令和三年八月

河合　敦

河合 敦（かわい　あつし）
歴史研究家・歴史作家・多摩大学客員教授、早稲田大学非常勤講師。
一九六五年、東京都生まれ。青山学院大学文学部史学科卒業。早稲田大学大学院博士課程単位取得満期退学。歴史書籍の執筆、監修のほか、講演やテレビ出演も精力的にこなす。近著に『逆転した日本史』、『禁断の江戸史』（小社）、『渋沢栄一と岩崎弥太郎』（幻冬舎新書）、『絵画と写真で掘り起こす「オトナの日本史講座」』（祥伝社）、『最強の教訓！日本史』（PHP文庫）、『最新の日本史』（青春新書）など多数。初の小説『窮鼠の一矢』（新泉社）を二〇一七年に上梓。

装丁・ＤＴＰ……影山聡子
校　　　正……皆川秀

扶桑社新書404

教科書に載せたい日本史、
載らない日本史
～新たな通説、知られざる偉人、不都合な歴史～

2021年9月1日　初版第1刷発行

著　　者………河合敦
発 行 者………久保田榮一
発 行 所………株式会社　扶桑社
〒105-8070　東京都港区芝浦1-1-1　浜松町ビルディング
電話　03-6368-8870（編集）
03-6368-8891（郵便室）
www.fusosha.co.jp

印刷・製本………中央精版印刷株式会社